패닉 소사이어티
**PANIC** SOCIETY

# 패닉 소사이어티

ⓒ석승혜 김남옥 장안식 사영준 이혜수 유승호 2019

**초판 1쇄 발행** 2019년 4월 30일

**지은이** 석승혜 김남옥 장안식 사영준 이혜수 유승호

**펴낸곳** 도서출판 가쎄
**등록번호** 제 302-2005-00062호
\*gasse·아카데미는 도서출판 가쎄의 임프린트입니다.

**주소** 서울 용산구 이촌로 224, 609
**전화** 070. 7553. 1783 / **팩스** 02. 749. 6911
**인쇄** 정민문화사

**ISBN** 978-89-93489-84-2

**값** 20,000원

**홈페이지** www.gasse.co.kr
**이메일** berlin@gasse.co.kr

• 이 책은 2017년 정부(교육부)의 재원으로 한국연구재단의 지원을 받아 수행된 연구임
(NRF-2017S1A3A2066149).

우리는 어떤 사회에 살고 있는가 II

# 패닉 소사이어티
## PANIC SOCIETY

석승혜 김남옥 장안식 사영준 이혜수 유승호

gasse・아카데미

목차

## 고통받는 개인, 추락하는 공동체

이 책은 비교적 쉽게 관측 가능한 표층적 차원으로부터 객관적 측정이 용이치 않은 심층부에 이르는 2010년대 한국 사회의 실상을 총괄적으로 진단해 보고자 하는 의도로 기획되었다. 기법적으로는 서베이 조사와 함께 개인 일상생활에서 생성되는 구성적 현실을 포착하기 위한 '생활 세계적 접근(life-world approach)'을 병행해 실제 현실과 밀착된 한국 사회의 현황을 탐사하고자 하였다. 따라서 진술 양식도 드러난 현상을 사실적으로 기술하는 기사와 분석과 추론을 포함한 논문의 중간 형태에 해당하는 르포르타주(reportage) 형식을 취하였다.

이러한 방법론에 근거해, 전체 내용의 중추를 이루는 본론의 논의를 일단 개인적 차원과 사회적 차원이라는 양대 부문으로 나누어 착수하였다. 개인적 차원에서는 최근 우리의 내면적 삶을 위협하는 핵심적 화두로 지적되어온 불안, 공포 및 고립을 집중적으로 다루고, 사회적 차원으로는 차별, 무시 및 혐오라는 사회 관계적 측면과 직결된 소재에 초점을 맞추었다. 여기에서 전체논의를 아우르는 주제어는 '패닉 panic'이다. 따라서 패닉은 한국 사회의 현 단계 상황을 가장 잘 드러내주는 핵심어라 할 수 있다.

공황을 뜻하는 Panic은 인간의 상반신에 염소의 다리를 가진 목축의 신 Pan에서 유래한 것이라고 한다. 들과 산을 오가는 행인들 목전에 흉측한 모습으로 출몰해 곤경에 빠트리게 하는 '놀람의 신'이 Pan이라는 것이다. 따라서 심리학에서는 단순한 충격이나 심적 동요를 넘어선 극심한 두려움을 패닉으로 규정해 왔다. 반면 경제학에서는 객관적 측면을 중시해, 심리적 공황장애(panic disorder)를 일으키는 급박한 경제 상황을 '패닉'으로 지칭하곤 한다. 하지만 공황장애나 공황 상황은 모두 외재화-내재화라는 이원적 상호작용을 통해 뫼비우스의 띠처럼 상호 연동된 것인 만큼, 패닉 현상을 사회문화적 차원과 연동시켜 고찰한다면 불필요한 용어상의 논쟁을 회피할 수 있으리라 본다.

'패닉 panic'을 현 단계 한국 사회를 특징짓는 주제어로 삼고자 할 때 보다 문제시될 수 있는 것이 급작성(急作性)이라는 속성이다. Pan이라는 어원에 내포된 함의는 분명 '갑작스러운 출현으로 인한 놀람'이다. 20여 년 전 우리 사회를 엄습한 IMF 외환위기 국면은 명백히 그런 범주에 귀속시킬 수 있다. 하지만 후속적 경제 불황이나 고질적 부정부패와 같은 것으로 인한 집단적 혼돈 사태는 우리 삶을 크게 위축시키거나 동요시키는 것일지언정 놀랍다거나 예측 불가라고 묘사될 정도로 급격한 현상으로 간주할 수 없다. 따라서 '사회적 패닉(social panic)'이라는 보편적 범주로서 패닉을 논할 경우, 놀람을 동반한 급성 패닉(acute panic)은 물론 나날이 반복되는 일과로부터 부지불식간에 침전(沈澱)되는 만성적 패닉(chronic panic)까지 논의 대상에 포함하는 것이 바람직하다고 본다.

패닉을 사회적 난제의 일환으로 폭넓게 바라보고자 할 때 급작성 못지않게 유념해야 할 또 한 가지 사항이 작위성(作爲性)이다. 패닉의 작위적 속성을 가장 여실히 반영하고 있는 것이 '도덕적 패닉(moral panic)'이라는 논제를 문제 삼아 온 일련의 연구물이다. 도덕적 패닉이라는 개념은 1972년 사회학자 스탠리 코헨(Stanley Cohen)이 『Folk Devils and Moral Panics』라는 저작을 통해 최초로 제기한 것으로, "사회 구성원들이 특정 집단, 쟁점 혹은 사건들을 해당 사회의 지배적 가치나 집합적 이익을 위협하는 파괴적 요소로 단죄하고, 집단적 공포심을 동원해 그들을 사회에서 추출하려는 행태"를 뜻한다. 도덕적 패닉의 주도자들은 필요 이상 엄격한 도덕적 잣대를 들이대는 사회적 주류층일 경우가 많으며, 그

발현 과정에서는 미디어가 의제 설정, 이미지 전달, 침묵을 깨는 발화 기회의 제공과 같은 측면에서 지대한 역할을 담당한다는 것이다.

이처럼 도덕적 패닉론자들은 패닉이 사회에서 의도적으로 만들어지거나 조장되는 현상을 각별히 강조하는 만큼, 사회적 패닉에 대한 논의에서는 자연발생적 패닉은 물론이요, 조작된 형태로서의 패닉이나 패닉의 작위적 변형에 대한 측면도 간과해서는 아니 될 것으로 본다.

이 책의 본문에서는 한국 사회를 '패닉'으로 규정하고 현황과 원인, 파장들을 순차적으로 다루고자 하였다. 이를 위해 강원대학교 사회통합연구센터와 한국리서치는 2014년부터 현재까지 '한국 사회의 갈등 실태 및 의식조사'에 대한 설문조사를 실시해왔고, 그로부터 수집된 14,200여 명의 응답 자료를 분석하였다. 좀 더 세부적으로 살펴보면, 1장 '한국, 패닉사회로 가고 있다'에서는 불안을 압축적으로 보여주는 '하류'라는 개념을 통해 불안의 양적 규모를 추산하고, 각종 사회적 지표를 통해 불안의 정도를 가늠하고자 했다. 특히 일상생활을 통해 체감되는 불안의 실상을 효과적으로 포착할 수 있는 생활 세계적 접근을 병행하여 기술하고자 했다. 이로부터 한국 사회의 불안은 구체적인 두려움보다는 개인의 취약성으로 인한 추상적 두려움으로 나타나고 있으며, 불안으로 인한 현실의 불만은 언제든 폭발할 수 있음을 밝혔다.

2장 '도덕적 패닉의 집단적 결과: 데블링 되는 자'에서는 집단적 패닉이 공분의 대상으로서 악마화된 적을 만들어내는 작동 메커니즘을 살펴보았다. 그런 다음, 한국 사회에서 불안에 놓여있는 대중들에 의해 데블링되는 구체적인 대상들이 누구인지를 실증적 자료를 통해서 밝히고, 또 어떠한 이유로 그들은 데블로 낙인찍히게 되는가를 밝힌다.

3장 '내면적 고통의 외연적 확충: 데블링 하는 자'에서는 데블링하는 자에 초점을 맞추어, 어떠한 상황에 부닥친 개인이나 집단이 적극적으로 데블을 생산하는지를 살펴보았다. 불안이나 취약성이 현실에 대한 개인적 지각임에도 불구하고 이것은 점차 더 강화되고 있는 서열주의, 꼰대문화와 같은 부정적 문화 현상과도 맞닿아 있음을 밝히고 있다.

4장 '패닉으로부터 탈주, 환대의 도시'에서는 최근 10년 사이에 선호하는 도시에 대한 인식의 변화와 도시공간을 벗어나 제주도나 소도시로의 공간적 이동 현상을 패닉과 연관하여 조망하였다. 패닉에 대한 또 다른 회복 전략이 무시나 모욕으로 인한 신체적, 정서적 고통의 비용이 낮은 공간으로의 탈주일 수 있다. 한국 사회에서 패닉 밀도가 낮은 지역과 최근 사람들이 선호하는 도시가 상당히 일치하고 있음을 밝힌다.

개인은 남들과 직·간접적으로 어울리며 살아가는 '사회적 존재(Homo Socius)'로서의 자신이 속한 사회로부터 결코 자유롭지 못하다. 개인을 보호해 주었던 사회적 장치들이 사라지고 초개인주의가 자리한 현실에서도 개인은 사회적 영향 하에서 독자적 행보를 도모하는 반(半)자율적 존재일 수밖에 없다. 현재 우리 사회에서 횡행하고 있는 사회집단 혐오와 차별은 결국 사회의 결과라는 점에 유념해야 할 것이다.

저자 일동
_____

# I. 한국, 패닉 사회로 가고 있다

# 1. 하류 지향의 계급 재구성

## 전 세대가 하류가 되는 사회

'하류'란 먹고살 것이 없는 경제적 빈곤뿐만 아니라 노동의욕, 학습의욕, 소통능력 등 총체적 생활 역량을 상실한 바닥계급(bottom class)을 의미한다. 본래 하류는 구제불능의 부류를 일컫는 말이었다. 그러나 지금은 중산층이 급격히 침하하여 계급이 양극화됨에 따라 생애 단계마다 중년 파산, 노년 파산과 같이 언제든 추락할 수 있는 위험이 도사리고 있는, 불안이 중첩되어 있는 사회를 단적으로 보여주는 말이 되었다. 하류노인 개념을 제시한 이는 후지타 다카노리이다. 그는 고령화된 일본 사회에서 일반적 생활이 불가능한 빈곤 노인 증가를 경고하기 위해 하류노인이란 말을 사용했다. 불안정한 저임금 노동과 실업 문제로 인해 개인적으로 미래를 대비할 저축이 없고, 여기에 더해 국가의 안전망 부재로 전 국민 3분의 1이 하류노인이 될 수밖에 없는 구조에 놓여 있다는 것이다(후지타 다카노리, 2016). 이러한 경고가 65세 이상 노인의 상대빈곤율이 19.4%인 일본의 현실이라면, 노인의 상대빈곤율이 49.6%인 한국의 상황은 더욱 절박하다(OECD, 2015). 더욱 충격적인 것은 이러한 하류노인에 편입해 들어갈 중장년층과 청년층은 이미 구조적으로 결정되어 있으며, 그 규모가 엄청나다는 데 있다. 좀 더 구체적으로 잠재적

하류에 해당하는 대상을 살펴보면 다음과 같다.

하류노인(65세 이상 노인층): 기본적인 물질적 욕구를 충족시킬 수 없는 '절대빈곤'과 공동체의 기준에서 사회구성원의 대다수가 누리는 최소한의 수용 가능한 생활수준을 영위하지 못하는 '상대빈곤'의 상태에 있는 대상을 말한다(주성수, 2003). 하류노인은 육체적 생존의 차원인 빈곤을 포함하여 공동체의 구성원들로 함께 살아가야 하는 상태로부터 소외되는 문제에 처해있다.

하류노인 예비군(중장년층): 기업의 구조조정과 효율화로 희망퇴직, 조기퇴직, 준정년특별퇴직 등의 명칭으로 정년 이전에 퇴직하는 중장년층이 증가하고 있다. 50세 초중반의 조기퇴직 연령과 공적 노후소득보장 장치인 국민연금의 수급가능 연령(60세)과의 간극이 커지면서 최소 5~10년이라는 '소득 저하' 내지는 '소득 공백'의 기간이 존재한다(한국노동연구원, 2008). 사실상 장년층의 퇴직 이후 재취업의 일자리는 질이 낮을 뿐만 아니라 생계형 자영업의 도산율이 70% 이상이라는 점을 고려한다면 다수의 중장년층은 하류노인으로 전락할 위기에 놓여있다.

빈곤 청년층: 청년실업의 증가에 따라 정규직 취업을 포기한 청년들이 증가하고 있으며, 비정규직의 불안정한 일자리는 생애 초기에 이미 하류노인으로 전락할 대상들을 증가시키고 있다. 300인 이상 대기업의 청년층 신규 채용은 10년간 지속적으로 감소하고 있으며, 이미 대학등록금

대출로 부채를 짊어진 젊은이들의 장기간 미취업은 청년파산의 형태로 가중되고 있다.

　하류에 해당하는 인구 규모를 추산하자면, 현재 60세 이상 노인 인구는 10,666,349명이며, 노인 상대빈곤율 49.6%를 확대 적용하면 대략 5,290,509명이 하류노인에 해당한다. 여기서 연령이 높아질수록 급격히 증가하는 암과 치매와 같은 질환은 높은 치료비용이 소요될 뿐만 아니라 가족 자원의 동원을 필요로 하기 때문에 전체 가족이 하류로 급락할 수 있는 위험성을 가진다.

<그림 I-1-1> 하류노인 인구 규모

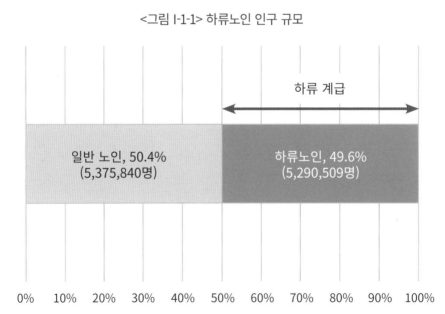

출처: 통계청(KOSIS)의 60세 이상 노인인구 규모를 기준으로 산정

한편 계급이동이 매우 경직된 한국 사회에서는 불안정한 일자리와 실업의 문제로 고통받는 청년 역시 미래에 하류노인으로 전락할 가능성이 크다. 2018년 기준 20~29세 청년의 인구 규모 6,810,967명 중 실업인구는 전체의 22.6%인 1,539,279명이며, 취업 인구 중 비정규직 규모는 32.5%인 1,702,755명이다. 실업 인구와 비정규직의 규모를 합산하면 3,242,034명으로 전체 청년의 거의 절반에 이르는 47.6%가 부모의 상속 자산이 없을 경우 생애 전반에 걸쳐 하류에 머물 가능성이 매우 높은 것으로 나타났다.

<그림 I-1-2> 빈곤 청년(20-29세) 인구 규모

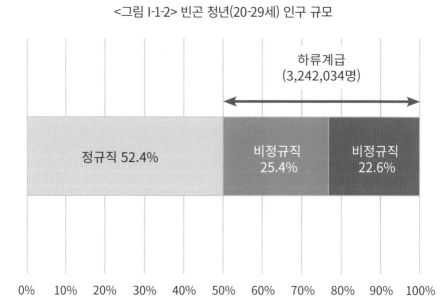

출처: 청년 실업자 규모는 통계청 '고용보조지표3'을 기준으로 산정,
비정규직 규모는 통계청 세대별 비정규직 비중을 기준으로 산정

한국 사회에서 중장년층은 점차 늘어나는 기대수명에 비해 퇴직 압력에 고통받는 집단임에도 불구하고, 상대적으로 청년실업이라는 급박한 문제에 밀려 주목받지 못하는 경향이 있다. 조기 퇴직자는 직종에 따라 상이하기 때문에 정확한 인구 규모의 추산은 어렵다. 하지만 비정규직의 비중이 30대가 가장 낮은 27.6%, 40대가 32.8%, 50대가 45.2%인 것을 미루어 볼 때(한국노동사회연구소, 2018), 50대부터 급격히 생활수준이 하락하는 것으로 추정할 수 있다.

## 체념 경제를 돌아가게 하는 프레카리아트(Precariat)

하류와 유사하지만 경제 산업적 구조에 초점이 맞추어진 개념으로 '위험계급'이 있다. 원래 위험계급은 일시적으로 배제되어 아직 사회에 재편성되지 못한 잉여 인구 혹은 산업 대기인구를 지칭했다. 하지만 오늘날 새롭게 등장한 위험계급은 사회로 흡수되기에 부적합하다고 판정된, 역할이 없는 불필요한 존재 혹은 영원히 배제된 인구를 말한다(바우만, 2010). 카스텔은 사회적 배제를 정규 임금 노동에 대한 개념과 연관 지어 설명하고 있는데, 일반 가정은 가족 구성원 중 최소한 한 명의 노동에 의해서 안정적으로 유지될 수 있다. 하지만 한국 사회는 1997년 외환위기 이후 노동생산성의 증가에도 불구하고 실질임금의 증가로 이어지지 않고 있다(김유선, 2015). 또한 2013년 기준으로 300인 이상의 대기업 임금을 100으로 놓았을 때 5~299인 규모의 중소기업 임금은 62%에 불과한 것으로 나타났다(권현지 외, 2015). 이는 정규직 노동자

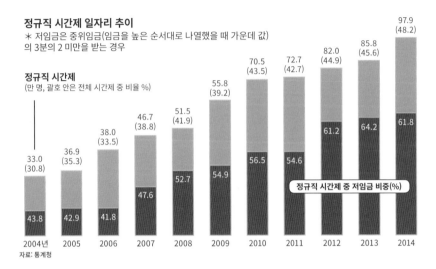

<그림 I-1-3> 정규직 중 저임금 노동자 규모

**정규직 시간제 일자리 추이**
\* 저임금은 중위임금(임금을 높은 순서대로 나열했을 때 가운데 값)
의 3분의 2 미만을 받는 경우

**정규직 시간제**
(만 명, 괄호 안은 전체 시간제 중 비율 %)

정규직 시간제 중 저임금 비중(%)

| 2004년 | 2005 | 2006 | 2007 | 2008 | 2009 | 2010 | 2011 | 2012 | 2013 | 2014 |
|---|---|---|---|---|---|---|---|---|---|---|
| 33.0 (30.8) | 36.9 (35.3) | 38.0 (33.5) | 46.7 (38.8) | 51.5 (41.9) | 55.8 (39.2) | 70.5 (43.5) | 72.7 (42.7) | 82.0 (44.9) | 85.8 (45.6) | 97.9 (48.2) |
| 43.8 | 42.9 | 41.8 | 47.6 | 52.7 | 54.9 | 56.5 | 54.6 | 61.2 | 64.2 | 61.8 |

자료: 통계청

출처: 한국노동연구원, '최근 비정규직 노동시장의 변화' 보고서, 2015
(한국일보, 2015. 1. 9 일자 재인용)

라고 하더라도 가족의 생계를 충분히 영위할 수 없는 임금 수준에 머무르고 있다는 것을 의미하며, <그림 I-1-3>에서 보듯이 정규직의 61.8%가 중위 임금노동자 3분의 2 미만의 저임금 수준에 머무르는 것으로 나타났다.

여기에 더하여 외환위기 이후 신자유주의 체제로의 급속한 전환에 따라 비정규직의 비중은 지속적으로 증가하고 있으며, 온전한 노동력으로서 비정규직에 대한 불인정은 임금에 반영되고 있다. 2014년 기준, 정규직의 월평균 임금이 254만 원인데 반해 비정규직은 142만 원이며, 짧은 근속년수에 따라 수시로 반복되는 실업 상태로 인해 빈곤층으로 내몰리는 문제를 가진다. 또한 비정규직은 단지 일자리의 불안정성으로 인한 경제적 결핍을 넘어서 그들의 노동의 가치가 부인되고 정규직과 같은 동료들과 동등한 자격이 부인되는 의미의 문제를 동반하고 있다.

  그런데 비정규직이라는 개념만으로는 위험계급을 설명하는데 한계가 있다. 비정규직은 임금 노동자의 고용 불안정성을 잘 반영하고는 있지만 서비스 경제에서 다양한 고용과 노동 형태가 확장됨에 따라 임금 노동 이외에 수많은 불안정한 노동이 존재하기 때문이다. 특히 디지털 기술의 발전과 맞물려 생산되는 일자리는 긱노동(gig work) 혹은 인스턴트 노동(instant work)과 같이 점차 단기적이고 일회적으로 진전되는 경향이 있다. 이들은 정해진 시간과 장소에서 노동계약을 맺는 전통적인 고용 형태와는 근본적으로 다르다. 운전이나 배달, 심부름, 도우미 등과 같이 필요한 일을 그때마다 주문해서 즉각적인 계약이 이루어진다. 과거에는 각종 프리랜서와 자영업자를 포괄하는 의미였지만, 최근에는 단기 온라인 플랫폼 업체와 단기 계약 형태로 서비스를 제공하는 비정규직 시간제 고용까지 포괄하는 등 그 범위가 넓어졌다(조선비즈, 2016.12.6).
  과거 건당 노동의 대표적인 기술 노동자인 디자이너, 프로그래머 등은 비록 불안정성은 높지만 그들 중 일부는 남들이 따라올 수 없는 실력과 명성을 갖춘 슈퍼스타로 성장할 수 있었다(Brynjolfsson and McAfee, 2014). 하지만 최근 모바일 경제에 편입되는 다수 노동자들은 고실업과 정규직의 높은 문턱에서 낮은 임금과 비숙련으로 인해 고전하고 있다. 인생의 반전을 기대하기 어려운 하류 상태에 머물 수밖에 없는 것이다.

'프레카리아트(precariat)'라는 개념을 반영하면 기술의 발전과 함께 생산되고 있는 일자리가 열악한 노동에 처한 인구를 얼마나 누적시키고 확충하고 있는지 잘 포착할 수 있다. 프레카리아트는 불안정(precarious)과 노동자계급(proletariat)을 합친 용어로, 프롤레타리아트에서도 밀려난 가장 밑바닥 계급을 말한다. 이들 집단은 고용 및 직무 불안에 시달리고, 소득이 불확실하며, 일에 기반을 둔 정체성이 결여되어 있어 사회적 기억의 전통이나 안정적 관행, 도덕률, 행위규범, 호혜, 박애 따위가 스며든 직업공동체에 소속되어 있다는 느낌도 없는, 경력에 보탬이 안 되는 일자리에 놓인 사람들로 구성된다(스탠딩, 2014). 그렇다면 프레카리아트는 누구이고 어떠한 특성을 가지고 있는가?

프레카리아트는 사회의 전 세대와 영역에서 생산되고 있다. (1) 조기퇴직이나 실직으로 인해 택배원이나 아파트 경비원, 청소부 등을 전전하는 고연령의 노동자, (2) 베이비시터, 가사서비스업, 간병인, 골프장 캐디 등으로 일하는 여성 노동자, (3) 편의점, 패스트푸드점 등 서비스업에서 아르바이트하는 판매원, 배달 기사, 행사 도우미를 하는 젊은이들, (4) 임금근로자와 자영업자의 경계가 모호한 특수고용 형태인 보험설계사, 학습지 교사, 퀵서비스 배달 기사, (5) 일정한 사업장이 없이 연락을 받고 일일 단위나 몇 주 동안 고용되는 근로자와 가내 근로자, (6) 예술이라는 이름으로 열악한 노동 환경이 은폐되어 있는 예술가, 연극인, 배우, 국악인, 가수, 아이돌 지망생 등도 모두 프레카리아트에 속한다. 프레카리아트의 인구적 특성에서 전체의 64%가 여성이다. 이들은 주된 일자리에서 월

평균 77만 원의 임금을 받으며, 연령적으로는 40대가 19%, 50대가 26%, 60대가 22%가 프레카리아트로 추정되고 있다(유코리아, 2018. 10. 25).

　프레카리아트의 가장 큰 문제는 사회적 안전망의 사각지대에 있기 때문에 아무런 보호를 받지 못한다는 것이다. 이들은 임금근로자의 적용 기준에서 벗어나 있기 때문에 법적인 안정장치로부터 배제되는 동시에 국민연금, 국민건강보험과 같은 사회보험에 가입되지 않는 경우가 많아 실질적 배제가 이루어진다. 백승호(2014)가 불안정 노동을 고용형태뿐만 아니라 임금수준, 사회보험 가입 여부를 사용하여 살펴본 결과, 세 가지 수준 모두에서 안정적인 집단의 비율은 2012년 기준 36% 수준이고 나머지 64%는 최소 한 가지 이상에서 불안정성을 경험하고 있었다. 특히 프레카리아트의 실질적 사회보험 배제 규모는 국민연금에서 96%, 국민건강보험에서 87%에 이르는 것으로 나타났다. 이러한 불안정성을 지닌 일자리가 개인적 선택이고, 언제든지 옮겨 탈 수 있으며, 소소한 행복이 보장된다면 문제가 되지 않는다. 그러나 일하고 싶어도 일할 수 없는 실업 상태가 지속될 수 있고, 최소한의 보호막이 사라진 일자리는 언제든 '먹고 살 수 없는' 극단적 상황으로 몰릴 수밖에 없다는 데 문제가 있다. 가난 앞에서 인간의 존엄성은 모욕당하기 일쑤다. 저 싸움의 중심에 지속적으로 확충되고 있는 위험계급이 있다.

## 2. 불안정한 미래: 파산 위기의 가계 부채

### 부동산 쏠림 현상과 늘어나는 가계부채

'번영 속의 불행'이란 표현은 한국 사회의 민낯을 묘사하는 대표적인 표현이다. 그러한 한국 사회에 쏟아지는 행복 담론은 낯설기만 하다. 우리는 행복 대신 운이 좋다고 말하는데 더 익숙하고, 자신의 노력과 관계없이 행복은 멀리 있는 것이고 운이 좋으면 하나씩 걸려들어 누리게 되는 것이라고 여긴다(김문조, 2016). 개인의 재능이나 능력으로 계층 상승할 수 없다는 절망감은 일확천금의 운에 기대고 싶은 욕구를 추동한다. 이에 사람들은 미래의 안정성을 담보하는 동시에 인생의 유일한 반전의 기회인 부동산 투자에 몰리며, 집값은 지속해서 상승 중이다.

소득 수준별로 부동산 대응 양식을 보면, 고소득층과 중소득층은 2012년 이후로 자가주택보유율이 상승하고 있지만, 반대로 저소득층은 하락하고 있다. 여기에서 저소득층의 자가주택보유율 하락은 양극화라기보다 전월세 중심의 저소득층 1인 가구 형태가 늘어나면서 나타난 현상이다(파이낸셜 뉴스, 2017. 4. 25). 오히려 대부분은 '내 집을 꼭 마련해야 한다'고 생각하고 있는 비율이 2014년 79.1%에서 2016년 82%로 더 강해지고 있다.

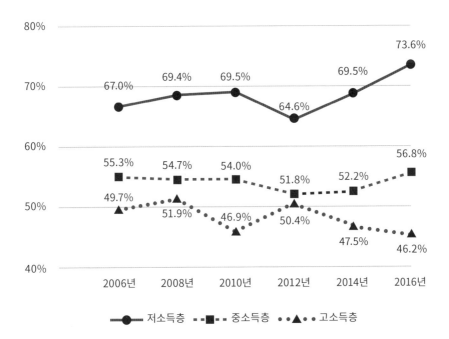

<그림 I-2-1> 소득 수준별 자가주택보유율

* 저소득층(1~4분위), 중소득층(5~8분위), 고소득층(9~10분위)로 구분
  출처: 국토교통부, 일반가구 주거실태조사, 2017(한국일보, 2015.1.9일자 재인용)

대다수의 사람들은 무리해서라도 주택을 구매하려고 하며, 그에 따라 가계부채의 상당수는 주택담보대출이 차지한다. 한국은행 경제통계에 따르면, 우리나라 국민 37%인 1천903만 명이 가계부채를 보유하고 있으며, 1인당 부채 규모가 8천만 원에 달하는 것으로 나타났다. 가계부채 보유자의 33%가량은 주택담보대출이며, 이들의 1인당 부채는 약 1억 5천만 원으로 전체 가계부채 평균의 두 배에 달한다.

<表 I-2-1> 2016년 지출 비중: 통계청

| 지 출 항 목 | 전체 | | 저소득 | |
|---|---|---|---|---|
| | 금액 (만 원) | 비율 (%) | 금액 (만 원) | 비율 (%) |
| 총계 | 364 | 100.0 | 138 | 100.0 |
| 주거비 | 26 | 7.1 | 18 | 13.0 |
| 식음료비 | 76 | 20.9 | 42 | 30.4 |
| 교통통신비 | 48 | 13.2 | 15 | 10.9 |
| 교육비 | 20 | 5.5 | 4 | 2.9 |
| 기타 | 194 | 53.3 | 59 | 42.8 |

\* 주거비는 수도난방비 포함
\* 저소득층 구분 기준: 총 7,000가구를 소득기준으로 중위소득 60% 이하인 3,500가구와 중위소득 60% 이상인 3,500가구를 각각 표본으로 추출하여 조사를 수행
출처: 통계청, 2016

2016년 가계 지출 구성을 살펴보면, 전체 가구의 한 달 평균 지출 규모는 364만 원가량이며, 그중 주거비로 26만 원, 교통통신비로 48만 원, 식음료비로 76만 원가량을 지출했다. 그에 반해 저소득층은 평균 138만 원의 지출비용 중 18만 원을 주거비로 지출했다.

주거비에 주택담보대출 이자와 관리비, 전기수도요금, 가스비 등과 같이 주택의 보유와 유지를 위해 들어가는 비용을 합산하면 그 규모는 더욱 증가한다. 전국 3,083명의 응답자를 대상으로 가계 총지출을 100으로 두고 각 항목의 지출 비중을 알아본 결과, 전체 지출 중 주거비가 19.2%로 더 높은 비중을 차지하고 있는 것으로 나타났다. 한국인 평균 가계지출 364만 원을 기준으로 했을 때, 매월 70만 원가량의 비용이

<표 I-2-2> 2015년 월 소득 대비 지출 비중: 3,083명 조사

| 총계 | 총지출 100 기준,<br>항목별 비중 | 표준편차 |
|---|---|---|
| 주거비 | 19.2% | 13.78 |
| 식음료비 | 31.6% | 15.51 |
| 교통통신비 | 18.0% | 10.00 |
| 교육비 | 10.6% | 13.20 |
| 기타 | 20.6% | 20.77 |

출처: 강원대학교 사회통합연구센터, 2016

주택에 든다는 것이다. 또한 기본 생활을 위해 필요한 주거비, 식료품비, 교통통신비, 교육비가 전체 지출의 79.4%로 대부분을 차지하는 것으로 보고되고 있다.

이상과 같이 중산층은 급여소득이 전체 가구소득의 대부분을 차지하며, 임금의 상당 부분이 가장 기초적인 생계를 위해 지출된다. 이 같은 현실에서 어쩌다 한 번 회사라는 궤도에서 이탈하면 1~2년 안에 곧바로 하류의 나락으로 떨어지고 마는 것이다(아카기 도모히로 외, 2016).

## 침체하는 소비와 증가하는 저축의 역설

대부분의 가구에서 미래를 위한 대비책은 저축이었다. 통상적으로 가계저축은 기업에 대한 투자를 활성화함으로써 고용이 확대되고 결국

## <그림 I-2-2> 가계저축률 추이

한국의 가계저축률 추이(단위: %)

고령화에 따른 가계저축률 추이(단위: %)

＊ (좌)가계저축률은 저축액을 가처분 소득으로 나눈 값임: 한국의 가계저축률 추이
(OECD, 2016) / (우)고령화에 따른 가계저축률 추이(조세형·이용민·김정훈, 2017)

가계소득이 늘어나는 선순환이 일어난다. 하지만 최근 가계저축률의 상
승은 미래에 대한 불안감으로 가계가 소비를 줄인 데 따른 결과라고 해
석된다. 후지타 다카노리는 젊은이들이 하류노인이 되지 않기 위해 필연
적으로 저축을 의식하게 되어 소비가 침체되는 현상을 지적한다. 본래
소비가 가장 활발한 20~50대의 소비의욕 감소는 경기 회복에 악영향을
주게 되며, 젊은층의 소비를 확대하기 위한 육아지원금과 같은 우회적
지원 정책은 그 효과가 미비하다는 것이다(후지타 다카노리, 2016). 이는
경제적 불황기에 미래 불안에 대비하기 위한 저축의 증가는 경제력이
늘어나 경제에 악영향을 주는 저축의 역설(Paradox of Thrift)을 의미

한다. 저축을 늘려 부를 축적하는 일은 바람직하고 합리적인 행동이다. 그러나 대다수가 저축을 늘리는 데만 집중하는 상황이 발생한다면, 소비지출이 감소하고 총수요가 줄어들게 된다. 그에 따른 기업의 생산 활동 위축으로 고용도 감소하게 된다(후지타 다카노리, 2016).

한국의 경우 가계저축률이 증가하더라도 고령화 추이보다는 현저히 떨어지며, 둘 사이에 간극은 점차 커질 것이라는 게 현재의 전망이다. 현재의 높은 저축률이 미래를 위한 좋은 대비책인가를 살펴보자. 현재 3인 가구의 소득 규모는 498만 7,574원이다. 본 조사에서 전체 소득 중 25.7%를 저축하는 것으로 나타났으며, 월 130만 원을 저축한다. 매월 130만 원을 30년 동안 저축한다고 할 때 약 4억 9천만 원가량을 모을 수 있다. 이것은 주택 구매나 자녀 결혼과 같은 일이 생겨도 저축한 돈을 한 푼도 쓰지 않는다는 가정에서나 가능한 금액이다. 결론은 현재 소득 수준에서의 저축은 길어진 노후를 대비하는데 부족하다는 것이다. 노후 저축에 국민연금을 더하더라도 생계를 유지하는 데 턱없이 부족하며, 점차 낮아지는 연금수령액은 미래 불안을 더욱 가중시킨다.

## 3. 체감되는 불안의 지표들

성장과 미래의 안정을 약속하는 온갖 정책과 분석에도 불구하고 불안은 개인들에게 주관적으로 인지되고 증폭되어 전염된다. 객관적 통계 자료가 가리키는 빈곤, 고용, 실업의 수치보다 개인들이 체감하는 수치는 훨씬 높으며, 체감되는 불안은 이에 대처하기 위한 다양한 행위들을 생산한다. 따라서 주관적 지표 혹은 체감적 지표는 불안을 경유하여 나타나는 구성원들의 불만, 분노, 혐오와 같은 감정과 그것이 분출되어 나타날 수 있는 갈등을 예견할 수 있다는데 유용성을 가진다.

얼마 전까지 우리 사회는 물질적 풍요를 찬양하고 삶의 질과 행복에 대한 담론들이 넘쳐났지만, 지금은 생존과 갈등에 대한 주제로 대체되고 있다. 행복 담론에서 "경제적 부와 지위는 높을수록 행복을 돋우는 동기요인이라기보다 없을수록 불만을 더한다(김문조, 2016)"는 주장은 역으로 현재의 불만은 일정 수준의 경제적 부와 지위를 쥐여주지 못하고 있다는 것을 의미한다. '누구나 특정한 방식으로, 자유롭게 살아갈 권리가 있다'는 상투적인 기본 명제도 최소한의 삶이 유지될 수 있는 요건이 주어졌을 때 가능한 것이다. 그 요건이란 무엇보다 어떤 경우든 구성원 1인이라도 결코 굶어 죽는 일은 없어야 하고, 누구나 어떤 형태로든 일자리를 구할 수 있어야 하는 것이다. 그런 차원에서 (1) 우리나라에서는 어떤 경우라도 굶어 죽을 일은 없는가? (2) 우리나라에서는 어떤 형태로든 일자리를 구할 수 있는가? (3) 우리나라 실업의 상태는 어느 정도인가? 라는 질문을 던져 사회 구성원들이 주관적으로 체감하는 원초적인 불안의 기반에 대해 확인하였다.

## 54.6%, 굶어 죽을 수도 있다

물질적 풍요 시대 속의 생존 불안을 적나라하게 드러낸 '우리나라에서는 어떤 경우라도 굶어 죽을 일은 없다'라는 질문에 전체 응답자의 45.4%가 그렇다고 응답했다. 다시 말해 54.6%는 굶어 죽을 수도 있다고 생각한다는 것이다. 이것은 '굶어 죽을 가능성'이라는 극단적인 질문임에도 불구하고 전반적으로 부정적인 입장을 보임으로써 사회 전반에 생계 불안의 그림자가 존재하고 있는 것으로 풀이할 수 있다.

## 67.3%, 일자리를 못 구할 수도 있다

위의 결과는 (2) '우리나라에서는 어떤 형태로든 일자리를 구할 수 있다'는 항목에 대한 응답과 불가분의 관계를 맺는다. 공동체성이 붕괴된 상황에서 먹고 살 수 있는 수단인 '수입'을 얻을 수 있는 일자리가 유일하다는 생각 때문일 것이다. 이 항목에 대해 전제의 36.7%가 그렇다고 응답했고, 나머지 67.3%는 평생 일자리를 못 구할 수 있다고 응답했다. (1) 항목의 45.4%보다 더 부정적인 결과를 보이고 있음을 알 수 있다. 이 역시 여성보다는 남성이, 연령별로는 10대, 20대가, 지역별로는 서울이

'한국 사회에서는 어떤 형태로든 일자리를 구할 수 있다'는 항목에 부정적인 입장을 보이고 있다. 하지만 이 역시 의미 있는 차이를 보이고 있지는 않다. 그러나 불안 지수의 고른 분포에 의미를 둘 필요가 있다. 이는 잠재적인 일자리 불안과 연결되는 것으로 해석할 수 있기 때문이다.

## 100명 중 33명은 실업자다

정부의 공식 통계에서 2018년 실업률은 4.5%로 집계되었는데, 이는 거의 완전고용 상태를 말한다. 하지만 10명 중 1명만 실업자라는 말은 취업난에 처해있는 현실을 반영하는데 미흡하다. 이에 정부는 기존 실업률을 보완하는 확장 실업률(고용보조지표 3)을 마련하고 확장 실업률을 12.2%로 집계하였다. 이때 확장 실업률이란, 국제노동기구(ILO)의 기준에 따라 (1) 지난 1주일 동안 일을 하지 않았고, (2) 일이 주어지면 일을 할 수 있고, (3) 지난 4주간 적극적인 구직 활동을 수행한 사람을 실업자로 정의하는 것이다.

그런데 강원대학교 사회통합연구센터와 한국리서치가 '당신의 주변에서 일을 하고 싶지만 일자리를 구하지 못한 사람은 100명 중 몇 명이나 됩니까'라는 질문으로 체감 실업률을 확인한 결과 기존의 통계보다 더 높은 32.8%로 확인되었다. 3명 중 1명이 실업 상태로 느끼고 있는 것이다.

세대별 체감 실업률을 살펴보면, 10대가 40.6%로 가장 높았고, 20대가 다음으로 높은 38.8%로 나타나 청년들이 더 많은 일자리 불안을

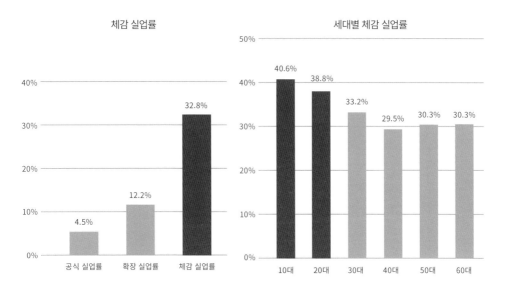

<그림 I-3-1> 공식 실업률과 체감 실업률

체감 실업률

세대별 체감 실업률

출처: 통계청, 2018, 강원대학교 사회통합연구센터, 2018

느끼고 있음을 알 수 있다. 이러한 청년들의 불안은 낙오에 대한 집단적 두려움을 낳고, 경쟁의 밀도를 강화시켜 투쟁적인 집단 경쟁 시스템으로의 진입을 강박적으로 요구한다(김문조 외, 2015). 다른 사람을 짓누른 다음에야 자신이 생존할 수 있다는 감정구조, 즉 투쟁의 정서는 타인에 대한 신뢰와 협력의 관계 맺음을 점차 소멸시키는 결과를 가져온다.

요컨대, 생존 불안과 일자리 불안은 우리 사회에 드리워진 미래에 대한 사회적인 불안 정서를 말해준다. 절반이 넘는 인구가 굶어 죽을 것을 걱정하고 또 자신은 일자리를 못 구할 수도 있을 거라는 막연한

공포를 안고 살아가고 있다. 이것은 우리 사회가 집단적 불안증후군을
안고 있는 사회임을 시사한다.

# 4. 기댈 곳이 없다

## 저소득 중심으로 급증하는 1인 가구

개인의 불안은 믿고 의지할 수 있는 사회적 관계의 소멸로 더욱 가중된다. 과거 경제적으로나 정서적으로 개인을 지지해주었던 혈연이나 지연, 공동체의 기반이 점차 약화됨에 따라 개인이 모든 책임을 져야 하는 상황에 놓이게 되었다. 특히 가족 구성원의 부모 부양 및 양육과 관련된 책임의 정서(feelings of responsibility)가 상존하는 한국 사회에서는 가족의 불안이 곧 나의 불안이 되는 심리적 압력을 더욱 가중시키는 경향이 있다(김혜경, 2013; 심영희, 2011). 학교 졸업 이후 취업과 결혼으로의 이행과정이 표준적인 생애 경로라는 공식과 달리, 경제적 불안정에 따른 청년층의 분가 연기 현상, 저학력 여성의 결혼 후 재취업 현상 등은 한국의 개인화가 '가족주의적 개인화'의 형태로 구현되고 있음을 보여준다(김혜경, 2013; Danziger and Rouse, 2007). 가족이 내가 기댈 수 있는 안전망인 동시에 가족 구성원 중 하나가 실업이나 질환으로 아플 경우 가족 전체가 빈곤층으로 전락할 수 있다는 불안의 근원이기도 한 것이다.

최근 들어 가족주의적 개인화마저도 하층을 중심으로 해체되어 가는 경향이 있다. 1인 가구의 규모는 1990년 전체 가구의 8.98%인 102만

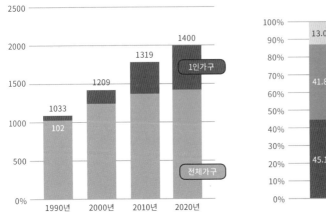
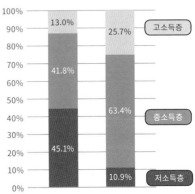

출처: 현대경제연구원, 2015. 저소득층은 가처분소득이 중위소득의 50% 미만인 계층

가구에서 2010년에는 전체 가구의 23.88%인 588만 가구로 증가했다. 그런데 1인 가구의 경우 저소득층의 비중은 45.1%로, 2인 이상 가구의 10.9%에 비해 4배가량이 높은 것으로 나타났다. 그 요인은 비혼자 및 이혼의 증가, 고령화에 따른 독거노인의 증가에 있으며, 1인 가구가 단순히 가구 형태의 다양성이 아니라 빈곤과 밀접히 관련되어 있다는 것을 의미한다.

**싱글족, 욜로, 고독사**

현대경제연구원(2018)은 '싱글족(1인 가구)의 경제적 특성과 시사점'

이라는 자료를 통해 1인 가구를 연령대별로 세분화하여 살펴보았다. 그 결과 젊은층은 주거불안, 고령층은 소득불안이 가장 큰 어려움이었다. 20~30대 1인 가구는 전문직, 사무직에 분포된 것과 달리 60대 이상의 1인 가구는 단순노무직이 가장 높은 비중을 차지하고 있어 근로 안정성이 취약했다. 하지만 20~30대는 자가 주택 비중이 낮기 때문에 전·월세 보증금과 임차료에 대한 부담감이 큰 것으로 나타났다.

1인 가구의 증가와 겹치는 이미지는 '고독사'이다. 한국 사회에서 고독사 발생률이 가장 높은 연령대는 50대로 29%에 달한다. 다음으로 60대가 17.9%, 40대가 17.0%, 70대가 9.1%로 나타났다(KBS 파노라마, 2014)[1]. 지역적으로 고독사는 서울이 25.5%로 많았고, 다음으로 경기가 20.3%로 이웃 간 서로 모르고 살아가는 이질성이 높은 대도시에 집중되어 있다.

사회적으로 1인 가구의 증가는 혼밥, 혼술, 욜로와 같은 새로운 트렌드로 소개되는 경향이 있지만 실상은 빈곤, 하류노인, 고독사와 같은 사회문제와 밀접히 관련되어 있다. 특히 개인의 안정을 제도가 아닌 가족 자원에 전가해 온 한국의 복지정책은 기댈 곳이 없는 개인들의 불안을 더욱 가중시킨다.

한국 사회는 고령화 사회를 넘어 총 인구대비 14.3%로 이미 고령사회에

---

1) 2013년 경찰의 변사자 일지와 무연고 사망처리보고 총 3만 2,857건 분석자료

<그림 I-4-2> 세대별 노후 생계 불안

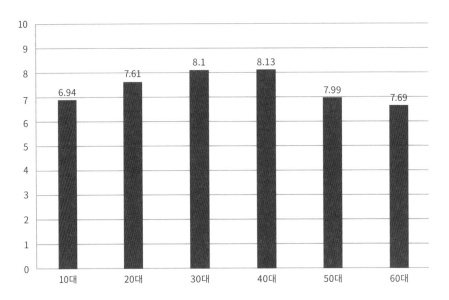

출처: 강원대학교 사회통합연구센터, 2018

들어섰다. 그리고 2026년이 되면 노인인구 비율 20%를 넘으면서 초고령 사회에 진입할 것이라 예측되고 있다. 이러한 흐름 속에서 노후에 대한 불안은 노년이나 노년을 앞둔 장년층에게만 국한된 것이 아니다. 상대적으로 어린 세대에게도 노후에 대한 불안이 존재한다.

<그림 I-4-2>에서 보듯 노후에 대한 불안은 이미 전세대적으로 나타나는 현상이다. 노후 생계에 대한 불안을 10점 만점으로 환산했을 때, 30~40대의 노후 생계 불안점수는 8점 선을 상회하면서 노년을 앞둔 50대, 노년에 접어든 60대보다도 더 높은 불안 수준을 보여준다. 20대의

### <그림 I-4-3> 연도별 은퇴준비지수(2014-2018년)

(단위: 점)

|  | '14년 | '16년 | '18년 |
|---|---|---|---|
| **은퇴준비지수** | 57.2 | 55.2 | **54.5** |
| 자기평가점수 | 57.7 | 53.3 | **49.6** |
| 실행점수 | 56.7 | 57.0 | **59.3** |
| 재무 | 53.6 | 611 | **67.8** |
| 건강 | 58.2 | 55.6 | **59.1** |
| 활동 | 53.5 | 48.4 | **44.2** |
|  | 62.8 | 59.2 | **59.8** |

출처: 삼성생명은퇴연구소, 2018

노후 불안 점수 역시 60대의 7.69점과 비슷한 7.61점이며, 아직 노인이 되기에는 한참 남았다고 볼 수 있는 10대에서조차 6.94점으로 나타나는 것으로 보아 나이 드는 것에 대한 불안은 이미 시대적인 분위기가 되었다고 보아도 무방할 것이다.

심리적 불안은 실제적인 노후에 대한 준비 정도보다 더 강하게 나타난다. 2018년 삼성생명 은퇴연구소가 발표한 '은퇴 준비지수 보고서'에 따르면 응답자들이 스스로 노후 준비에 대해 주관적으로 평가한 자기평가점수가 실질적인 노후 준비지수보다 더 가파르게 하락하는 추세에 있음을 확인할 수 있다(<그림 I-4-3>).

한국보다 일찍 초고령 사회를 맞이한 일본의 경우, 노인 문제가 단지 개인의 불행이 아닌 전체 세대와 가구의 붕괴와 밀접히 관련되어 있다. 후지타 다카노리는 <2020 하류노인이 온다>라는 저서에서 '보통'에서 '하류'로 전락할 수 있는 대표적인 유형을 제시하고 있다. (1) 고령기가 장기화되면서 질병과 사고로 과도한 의료비를 지불하는 경우, (2) 고령자 요양시설(노인 홈) 부족으로 사설 노인 케어를 부담해야 할 경우, (3) 자녀가 워킹 푸어나 은둔형 외톨이로 부모에게 의존하는 경우, (4) 황혼 이혼으로 반 토막 난 자산으로 각자 살아가야 하는 경우, (5) 치매에 걸려 사기나 소비자 범죄에 노출되는 경우를 대표적인 사례로 꼽고 있다.

노후 문제는 세대의 문제와 밀접히 연관되어 있지만 서로를 감당하기 힘든 빈곤의 상황에서는 세대 간 갈등의 문제로 분출될 수 있는 불씨이기도 한 것이다.

# 5. 질환으로 나타나는 불안 증상

 결혼, 일자리, 채무, 빈곤, 노후생계 및 고독사 등 현대의 개인들이 겪는 불안은 우리의 생활 및 현실과 가깝게 맞닿아 있으면서 상시적으로 존재한다. 또 굳이 불확실한 미래를 상정하지 않는다고 하더라도 우리는 과거의 사건에 대해서도 불안해한다. 이러한 심상은 모두에게 공유되는 보편적인 것이다. 즉, 현대사회 개인들의 가장 공통된 속성이라는 것이다. 니클라스 루만(Niklas Luhmann)이 말했듯, 불안은 현대사회의 가장 선험적인 성격이 되어가고 있다.

 현대사회의 개인들에게 엄습하는 가장 힘겨운 불안은 개인 내부에 존재하는 불안, 즉 건강이다. 이 건강은 비단 신체적 건강만을 의미하지 않는다. 도리어 현대인에게 가장 특징적으로 나타나는 것은 정신적 건강 상태, 바꿔 말하면 우울과 관련한 불안이라고 할 수 있다.

 먼저 신체건강에 대해 살펴보면, <그림 I-5-1>과 같다. 남성일수록 매우 건강하다는 답변이 많았으며, 세대별로는 40~50대의 건강지수가 60대보다도 낮게 나타나 건강에 더 신경을 기울이는 노년보다 중장년층이 노화에 미처 대비하지 못하고 위험지대에 처해 있다고 해석할 수 있다.

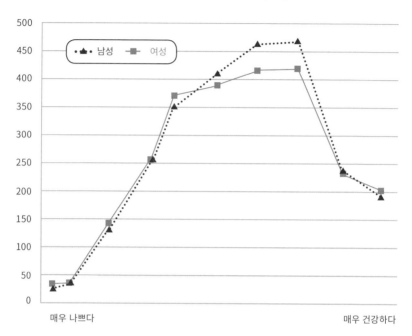

<그림 I-5-1> 성별에 따른 신체건강

매우 나쁘다

매우 건강하다

출처: 강원대학교 사회통합연구센터, 2018

<그림 I-5-2> 세대에 따른 신체건강

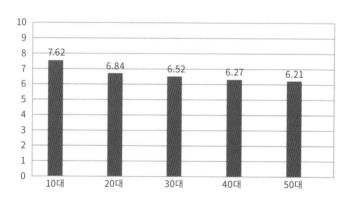

출처: 강원대학교 사회통합연구센터, 2018

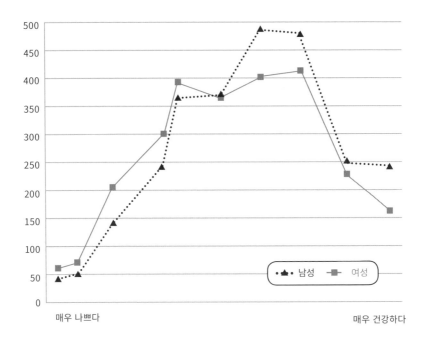

<그림 I-5-3> 성별에 따른 정신건강

출처: 강원대학교 사회통합연구센터, 2018

중요한 것은 현대인의 우울지수, 즉 정신건강 지표이다. <그림 I-5-3>은
성별에 따른 정신건강 상태 답변 빈도이며, <그림 I-5-4>는 세대에 따른
정신건강 점수이다. 전반적으로 여성이 남성보다 우울하고, 세대별로는
10대를 제외하고는 젊을수록 우울지수가 높게 나타나 20대가 전 세대 중
가장 우울한 것으로 나타났다. 이는 현대 경쟁사회에 처해 있는 청년층,
그리고 앞서 확인했듯 결혼과 취업, 사회적 관계에서의 불안이 전반적으
로 높은 여성의 우울이 심화되고 있음을 보여준다.

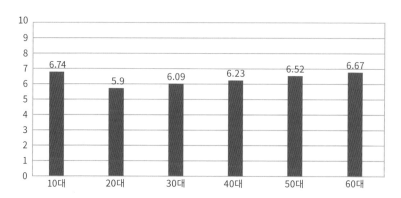

<그림 I-5-4> 세대에 따른 정신건강

출처: 강원대학교 사회통합연구센터, 2018

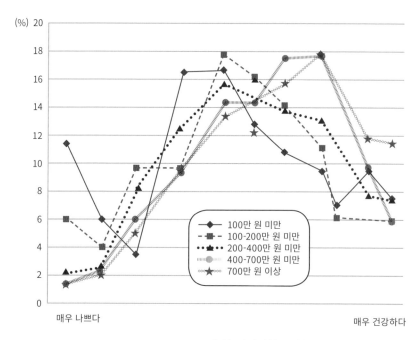

<그림 I-5-5> 소득에 따른 정신건강

출처: 강원대학교 사회통합연구센터, 2018

특기할 만한 것은 소득에 따른 정신건강 지표이다. 매우 우울하다는 답변의 빈도가 빈곤층(월 소득 100만 원 미만)에서 가장 높은 것은 일반적으로 추론되는 양상이나, 매우 건강하다는 답변은 최빈층보다 그 상위의 중산층(월 소득 100~400만 원)에서 가장 적게 나타났다(<그림 I-5-5> 참조). 즉 소득과 정신건강이 정비례로 나타나지는 않는다는 것이다. 다시 말해 현대사회의 물질적 풍요가 정신적 행복을 반드시 보장하는 것은 아님을 알 수 있다.

한국 사회에서 불안은 빈곤이 지속될지 모른다는 불안, 남들에게 뒤처질지 모른다는 불안, 현재의 지위를 박탈당할 수 있다는 불안, 이겨야 살아남을 수 있다는 생존경쟁에의 불안 등 강박적인 특성을 보인다(김문조 외, 2015). 강박적 경쟁은 개인의 무한 노력을 요구하지만 쉽사리 좁혀지지 않는 격차는 우울, 무력감 등을 안겨준다.

우울의 극단적 형태는 자살이다. 한국의 자살율은 10년간 OECD 국가 중 1위를 차지한다. 흔히 우울이 자살의 주요 원인으로 지목되지만, 이는 개인의 유전적, 성격적 특성보다 사회적 영향이 크다. 그런 점에서 뒤르켐이 밝힌 바와 같이 개인적인 것처럼 보이는 자살 또한 사회적 요인으로 인해 발생하는 것이라 할 수 있다. 말하자면 사회의 구조적 변동으로 인한 불확실성의 심화는 심리적인 불안 및 신체적, 정신적 피로감을 증폭시켜 우울과 같은 질환을 야기하며 이는 자살률에도 영향을 미치고 있다.

# 6. 막연해서 더 커지는 공포

## 으깨어진 중산층(squeezed middle class)

세계적으로 후기 자본주의의 구조적 변동은 이전까지 겪어본 적이 없는 유동성의 공포로 묘사된다(바우만, 2009; Sennet, 1998). 후기 자본주의에서 증가된 기회와 풍요, 그리고 선택과 자유의 확장에도 불구하고 확산되는 불안과 공포는 단선적 발전 논리에 준거한 전망이나 대책이 통용되지 않는다는 불확실성에 있다. 이미 국가의 통제를 벗어난 자본의 발전 방향은 양극화라는 사회적 자원이나 구성원들의 이원적 편중 현상을 일으키며, 중산층 위기를 극단적으로 묘사하는 '으깨어진 중산층(middle class squeeze)'이라는 용어가 등장하기에 이르렀다.

으깨어진 중산층은 물가가 치솟으면서 실질 임금은 줄고 복지도 줄어드는 압력에 고통받는 중산층을 말하지만, 사회 전체 인구로 봤을 때 취약한 계층이 증가하는 것을 의미한다. 기본적으로 취약성(vulnerability)은 위험에 대한 노출과 그것에 대한 통제의 상실, 그리고 위험으로 인한 손상에 대한 불안을 뜻하며, 미래에 닥칠 불행이나 부정적 결과를 막지 못할 것이라는 믿음과 같은 일종의 정신적 상태까지도 포함한다. 이 같은 사회적 취약성은 소득과 사회적 지위에 따라 다르게 나타나는데, 보통은 소득과 지위가 낮을 경우 자신의 삶과 상황에 대한 통제력의 상실과 무력감이 높아지며 막연한 불안이나 범죄에 대한 공포 등이 높아지게 된다. 하지만 한국 사회에서는 사회적 취약성이 다른 방향으로 작동하기도 한다. 가구 소득의 증가나 학력 자본의 상승이 외부의 위협으로부터 방어막으로 작동하는 것이 아니라 자신이 가지고 있는 사회적 자원의 손실을 더 두려워하고, 자신이 잠재적 피해자가 될 수 있다는 불안이 증가한다는 것이다.

상층은 물질적 부의 증가로 인해, 하층은 물질적 부의 하락으로 인해 동시적으로 사회적 취약성이 증가하고 이는 자신의 잠재적 피해를 가정하고 위해를 가할 수 있는 가공의 대상물들을 만들어내며 집단과 분할과 단절을 야기하게 된다. 다시 말해 상층-하층으로 인식되어온 서열적 계급 관계는 중산층의 쇠퇴로 상류-하류의 단절적 형태로 바뀌고 있으며, 자본을 독점한 소수의 상류 계급과 상시적 불안과 두려움에 시달리는 다수의 하류 계급으로 분절되는 상황으로 변모하고 있다(김문조 외, 2015).

## 불안이 투사된 추상적 범죄의 두려움

범죄에 대한 두려움이 사회적 불안을 표현하고 있다는 생각은 새로운 것이 아니다. 범죄에 대한 일반적인 두려움은 사람들이 지금 처해 있는 환경에서 파생하는 특정 위험보다 대개는 추상적 사실에 기인한다 (Garofalo and Laub, 1978; Merry, 1981; Smith, 1986; Bursik and Grasmick, 1993). 다시 말해, 지역성이나 환경 속에서 느끼는 막연한 두려움이 범죄 피해의 두려움으로 등치되어 나타난다(Girling et al., 2000). 이질성과 유동성이 높은 환경에서 살아가는 현대인들은 주변의 사람들에 대해서 잘 알지 못하기 때문에 타자에 대한 이해의 수준이 떨어진다(Young, 1999). 따라서 범죄에 대한 두려움이 이방인들의 형상으로 표현되는 경향이 있다(Lupton and Tulloch, 1999). 즉, 범죄에 대한 두려움 속에서 이방인은 사회의 적(folk devil)으로 각인된다(Cohen, 1972). 바로 이것이 이질성에 대한 불확실성으로부터 야기된 막연한 범죄 피해의 불안과 두려움으로부터 빚어지는 차별의 동학이다.

범죄에 대한 두려움은 여러 가지 이유로 현대인의 삶과 관련된 불안들을 반영하는 지표가 된다. 첫 번째로, 범죄는 복잡한 사회에서 마지막 타자(others)로 남아 있는 것 중의 하나이다. 범죄를 저지르는 다른 이들(범죄자 criminal others)은 우리의 불안이 방해 없이 투사되고 공격할 수 있는 전통적인 악한(惡漢 bogeyman)으로 나타난다. 현대 사회에서 범죄자(criminal others)는 불안을 담을 수 있는 최적의 장소가 되는 것이다(Scheingold, 1995). 두 번째로, 범죄에 대한 두려움의 담론은 실천해 옮길 수 있는 일련의 행위들을 수반하는데(잠금장치를 한다거나, 자동차 알람을 하는 것), 이러한 행위들은 사람들에게 통제를 강화하고 있는 것처럼 느끼게 해주고, 피해자가 될 것이라는 두려움으로부터 벗어나 안심할 수 있도록 해주며, 결국에는 자신의 삶 속에서의 불확실성에 대해서 일말의 통제감을 제공한다(Holloway and Jefferson, 1997; Lupton, 1999).

범죄가 이방인과 잘 모르는 사람들에 대한 두려움을 정당화하고 표현하는 하나의 관용구로 표현된다는 주장처럼(Merry, 1981), 우리는 다른 개인들에 대해서 알지 못하고 그렇기에 그들이 어떻게 행동하고 반응할지 모른다. 사람들은 낯선 장소에 들어서면 이러한 불확실성 때문에 더 두려워하게 된다. 높은 인구밀도, 이질성 등의 영향으로 사회적 유대가 감소하고 점점 더 소외와 고립이 고도화하면서 증가된 사회적 다양성은 더 높은 사회적 불확실성을 가져오기 때문에 현대 도시인들은 더 많은 두려움을 느끼며 살게 된다(Hale, 1996). 이러한 해석에 의하면 범죄에 대한 두려움은 이방인에 대한 두려움이고 도시가 제공하는 이질적 문화의 또 다른 얼굴이기도 하다.

범죄에 대한 두려움은 우리가 살고 있는 지역사회가 쇠퇴하고 있다고 인식하고, 또 개입할 여력이 없다고 느끼는 사람들에게 더 크다(Smith, 1986). 또한, 이러한 불안의 감정은 도시 환경에 의해서 파생되는 불확실성에 기인한다고 하는데, 바로 이것이 전이된 불안이라고 할 수 있다(Furstenburg, 1971). 추상적 범죄에 대한 두려움의 대표적인 물음이 "어두울 때 집 주변을 혼자 걸을 때 얼마나 안전하다고 느끼는가"이다. 구체적으로 범죄의 대상이나 형태를 특정 지을 수 없지만 막연하게 두려운 것이다. 한국보건사회연구원(2016)에 따르면, 이 질문에 대해 한국은 최하위인 2.8점(5점 만점)으로 나타났다. 노르웨이와 덴마크가 가장 높은 3.4점이었고, 네덜란드 3.0점, 영국 3.0점, 프랑스 2.9점이었다. 한국은 동유럽 국가인 헝가리, 체코와 같은 수준이다.

그런데 실제로 한국의 최근 5년간 강도나 신체적 위해 경험은 비교 대상국 중 가장 낮은 수준이다. 이는 실제 범죄의 경험과 추상적 범죄의 위험 인식 간에 간극이 있다는 것을 말해준다. 이렇듯 범죄에 대한 두려움은 현재 우리 삶을 드러내는 은유로 읽어낼 수 있다.

## 가족으로 확대되는 대리 두려움

범죄에 대한 두려움은 개인과 공동체의 신뢰를 갉아먹는 가장 대표적인 부정적인 영향이라고 할 수 있다(Skogan and Maxfield, 1981; Hale, 1996; Lee, 2007). 두려움을 느끼는 준거 기준에 따르면, 범죄 피해의 두려움에 대한 일반적·개인적 구분은 내가 피해당할 것을 걱정하는 것과 내가 아닌 타자들이 당할 두려움을 의미하는 것이라 할 수 있다. 개인적 두려움과 타인을 대상화한 두려움은 두려워하는 것이 나 자신에 속한 것인가 혹은 다른 이에 대한 것이냐에 따라 개인적 두려움(personal fear)과 대리 두려움(vicarious fear)으로 구분할 수 있다(Snedker, 2006).

실제 범죄의 두려움을 나 자신(개인적 두려움)과 배우자와 자녀(대리 두려움)를 구분하여 살펴본 연구 결과는 <그림 I-6-1>과 같다. 자기 자신이 범죄피해를 당할까 봐 두려운가에 대한 물음에서는 약 26%의 응답자들이 두렵다고 응답하였다. 하지만 배우자의 범죄피해에 대해서 약 38%가 두렵다고 응답하였으며, 자녀의 범죄피해에 대해서 약 68.2%가 두렵다고 응답하였다. 이러한 결과는 불안의 상황은 범죄에 대한 두려움으로 나타나며, 범죄 피해에 대한 개인적 두려움보다 대리적 두려움의 형태로 폭증하여 나타날 수 있음을 시사한다.

<그림 I-6-1> 범죄 피해의 두려움

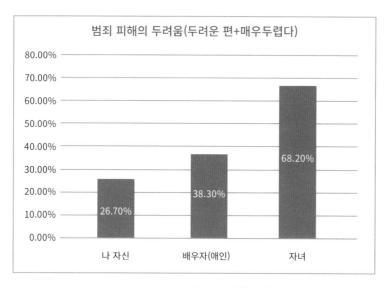

출처: 강원대학교 사회통합연구센터, 2018

# 7. 축출의 공포 [2]

　최근 한국 사회에서 불안정서의 두드러진 특징은 특정 세대나 계층, 그리고 일부 직업군에 국한된 것이 아니라 모두가 안고 있는 문제다. 청년세대는 취업 및 결혼이나 주택 마련에 대한 불안, 중·장년층은 자녀의 교육 뒷바라지나 취업 및 결혼에 대한 염려와 더불어 노후에 대한 불안, 노년층은 자녀들에게 안겨 줄 경제적, 정신적 부담이나 빈곤층으로의 전락에 대한 두려움을 안고 살아간다. 직업과 관련된 지위 불안은 실직자나 비정규직 종사자에게만 해당하는 문제가 아니다. 정규직이나 전문직 자영업자, 공무원들조차도 직업 안정성, 노후 불안 등을 안고 살아가기는 마찬가지이다. 여기에 건강, 정치, 사고에 대한 염려 등 다양한 불안들이 가중되어 사실상 한국 사회의 거의 모든 사람들이 미래에 대한 불안에 시달리고 있는 셈이다(김문조·박형준, 2012). 전업주부나 비정규직 또는 자영업자, 전문직이나 정규직 종사자를 막론한 중장년 세대도 현재의 안정성 유지 또는 실패, 실직 등에 대한 불안에 시달린다. 이와 같이 현재적 불안은 자신의 노후 준비, 자녀 교육과 취업, 그리고 결혼 및 경제적 독립 등과 같은 미래적 불안들과 복합적으로 착종되어 있다.

---

2) 본 절은 <담론201> 20권 2호에 게재된 김문조, 김남옥의 논문 〈내부자적 시각으로 본 한국 사회의 계급 갈등〉(2017)을 재구성했음

그런데 한국인들이 체감하는 불안의 정서에는 불평등이라는 문제가
상존하고 있다. 하류화 되는 중산층, 기댈 곳 없는 빈곤 가구의 증가, 부
동산 가격의 상승, 저축의 부재, 실업 등은 상층보다는 하층을 중심으로
가속화되고 있기 때문이다. 이같이 불확실성의 증가, 생존적 보호 장치
의 소멸, 과잉 경쟁, 사회적 격차가 심화되고 있음에도 불구하고, 개인에
게 가장 강력하게 주어지는 메시지는 각자도생(各自圖生)이다. 국가 또
는 제도적 장치의 무력화 등 개인의 삶을 지탱해주던 전래적 보호막이
사라진 자리에 스스로 필사적인 노력을 경주해서 스스로 살아남는 것,
즉 독자적 생존이 사람들에게 가장 절실하고도 긴요한 과제로 떠맡겨진
것이다.

　　이러한 비관적 상황은 소수의 노련한 사냥꾼들로 상징되는 승자들과
그들이 닫아건 '빗장' 밖으로 내몰린 다수 사람들과의 괴리, 즉 사회적
단절과 반목으로 귀결될 수밖에 없다는 것인데, 이는 도시사회학자 사
스키아 사센 (Saskia Sassen)의 '축출(expulsion)' 명제와 상통한다. 이
러한 축출 논리는 더 많은 평범한 사람들이 사회와 경제의 빗장 밖으로
영원히 내몰리고 버려지게 만드는 신자유주의적 논리인데 오늘날 그것
은 사회 거의 전 영역에 일관적으로 작동한다. 그 결과 사람들은 뒤처지
지 않을까, '의자 뺏기 놀이'에서 앉을 의자가 없어지지 않을까, 추락하지
않을까, 버려지지 않을까, 영원히 추방당하지 않을까 노심초사하며 살
아가게 된다. 불안의 파괴적 효과는 개인의 심적 고통을 야기하는 것을
넘어 나은 삶을 꿈꾸는 능동적 행위자가 아니라 각축적 경쟁에서 살아
남으려는 위약한 존재로 전락시킨다는 데 있다(바우만, 2010: 96; 사센,

2016).

    자신의 삶에 대한 불만과 불공정한 사회에 대한 분노에도 불구하고 불안은 집합적 사회운동을 잠재운다. '불만이 있다고 해서, 모든 사람이 봉기하지 않는다'는 것이 자원동원론에 기초해 사회운동을 설명하는 학자들의 진단이며, 사회운동 역시 분노의 감정뿐만 아니라 이용 가능한 자원이 확보될 때야 비로소 발생한다는 것이다. 그 대신 지금의 사회운동은 어딘가에라도 소속되고 싶은 사람들의 '마음 둘 곳'의 역할을 하며, 초기의 격정적인 목적성을 상실해가고 있다(후루이치 노리토시, 2014). 현재 사람들은 국가의 미래가 아닌 자신의 미래를 걱정하는데 더 급급하며, 이러한 현실에 대한 불만은 분풀이하기 쉬운 상대를 찾아 폭발하는 양상을 띠고 있다. 즉 불안의 원인을 자신이 아닌 타자, 또 내부가 아닌 외부를 지향하는 '전가된 표출양식(mode of attribution)'에서 찾는다. 혐오사회로 규정되는 한국 사회의 키워드 역시 이러한 전가된 갈등의 한 단면인 것이다.

# II. 도덕적 패닉의 집단적 결과:
## 데블링 되는 자

# 1. 데블링의 작동 원리

## 개인 차원과 관계 차원에서 밀려오는 패닉

세계화, 정보화의 가장 두드러진 특징은 내파다. 내파는 견고했던 경계를 허물어 경계 밖의 모든 것들이 모이고 섞이고 다시 흩어지게 하는 강력한 힘이다. 이는 차이 및 차별을 생산해내는 구별짓기의 무화이기도 하다. 그러나 최근 전 지구적인 불확실성의 증가와 성장 정체의 국면에서 또다시 그들과 우리를 나누는 경계가 선명해지는 동시에 성별, 외모, 인종, 생활양식, 취향 등 비가시적이고 일상적인 영역으로 확대되고 있다. 이러한 경계는 자신에 대한 타인의 '인정 거부', 즉 몰이해나 불인정의 방식으로 작동하여 집단 간 구별짓기를 강화한다(석승혜·장안식, 2016).

우리와 그들을 가르는 경계짓기는 정체성 형성 과정의 일부라고 할 수 있다. 하지만 그 경계는 절박한 위협에 쫓겨 두려움이 압도하는 순간에는 더욱 강화되고, 더 작은 공간으로 제한되며, 도덕적 특성이 더욱 두드러지게 나타난다(Lamont, 2001). 현재 한국 사회의 현실은 저임금과 유동적인 일자리, 가계부채의 증가와 노후를 대비하기에 턱없이 부족한 저축 등 '불안'으로 압축되는 개인 차원에서의 패닉과 1인 가구 증가와 고독사와 같이 기댈 곳이 없어지고 막연하게 내가 범죄의 피해자가 될 수 있다는 두려움과 같이 '단절'로 압축되는 관계 차원에서의 패닉이 동시에 심화되고 있다. 그럼에도 하나뿐인 사다리를 놓고 벌이는 투쟁적 경쟁은 과잉 노력을 결집시키고 결국 '극단적 피로와 탈진 상태(한병철, 2012)'를 야기한다. 신체적, 정신적 에너지가 소진된 탈진 상태는 극단적인 피로감, 상실감, 우울감을 증폭시킨다. 또한 현재의 상태가 앞으로도 바뀌지 않을 것 같다는 절망감은 개인의 사회적 존재가치가 부정되는 데에 대한 분노를 유발하기에 이른다(김문조 외, 2015). 이러한 극단적 상황에서 나타나고 있는 수많은 경계짓기 현상들은 불확실성으로 인한 불안과 두려움에서 자신이 가진 사회적 지위나 특권 혹은 정체성을 보존하기 위한 방어적 행위라고 할 수 있다.

후기 자본주의적 불확실성은 전 지구적인 현상으로 많은 국가에서 경제 주권과 국가 번성이라는 환상을 잃어감에 따라 문화적 순수성을 찾고자 하는 움직임이 일어나고 있다(아파두라이, 2011). 국가 주권의 상실이 지역의 안전과 삶의 질에 대한 위협처럼 여타의 두려움과 결합하면서 타자에 대한 폭력으로 자기 집단의 정체성을 굳건히 하고자 하는 행위는 더욱 빈번해지고 있다. 그리고 이 같은 행위는 다수 대중들에게 정당성을 얻으며 확산되어 가고 있다.

어느 때보다도 외부의 적에 대한 안전은 확장되고 있지만, 사회 구성원들 간에 서로를 분리하고 공격하는 내부의 위험은 날로 커지고 있다. 그렇다면 누가 공격의 대상이며, 그것은 어떻게 전체 사회를 지배하는 원리로 용인되는 것일까?

## '우리'와 '그들'의 경계선 긋기

 차이를 통한 우리와 그들의 분류는 인간의 일반적 인지 방식이다. 사물과 사람을 범주화함으로써 세상을 보다 쉽게 이해하고 사고 과정을 효율화하는 것이다. 그러나 우리 사회에서 차이는 단지 다름이 아니라 둘 이상의 대상을 각각 등급이나 수준 따위의 차이를 두어서 차등을 두는 차별로 존재한다는 것이다. 차이에 대한 분류가 차별로 존재하는 메커니즘에 대해 문화인류학자들은 단지 차이가 그 대상이 가진 속성의 우열에 있는 것이 아니라 사회체계와 관련되어 있다고 본다. 이들이 강조하는 것은 차이를 분류하는 것 자체가 지배의 한 방식이며, 그 분류의 기준은 시간과 공간에 따라 다르다는 것이다. 정상적인 우리와 오염된 그들의 이분법적 도식은 자의적인 기준에 따라 우열을 가르는 방식으로 작동하고, 열등한 그들은 더럽거나 부정한 존재로 확정되며 분리와 배제의 대상이 되는 것이다. 요컨대 그들에 대한 지배 전략은 '다름(difference)의 논리'로 구별 짓고, 낙인찍고, 심지어 제거함으로써 다름을 비정상적·병리적인 열등 내지는 죄악이라는 편견과 증오 또는 무시와 무 배려를 확산시켜 정체성의 드러냄을 억제시키는 비가시적 억압기제를 작동시킨다는 특징을 지닌다(한인섭,2010; 김남옥 외, 2017 재인용).

 역사적으로 중세 가톨릭 질서하에서 마녀사냥의 표적이 되었던 늙은 여성, 집시, 소수 종교집단들, 나치의 인종주의적 낙인의 대상이었던 유대인, 일본사회에서의 재일 한국인, 원폭 피해자, 한국 사회에서의 북한이탈주민, 외국인 노동자, 성 소수자 등은 그 집단이 속한 사회의 정치

사회적 조건에 따라 차별의 대상이 다르다. 그러나 사회는 항상 이들 대상을 선과 악의 이분법으로 구분하여 악한 그들을 내몰고 선을 구축하는 방향으로 행동해왔다. 이러한 현상에 대해 니체는 <도덕의 계보>에서 선과 악은 무엇이며, 그것들이 어디서 나오는지를 질문한다. 니체는 선이라는 것은 지배 종족(master race)으로부터 나온다고 본다. 지배 종족은 자신들의 것을 좋은 것, 선한 것, 옳은 것으로 간주하고 그와 대비되는 어두운 피부색, 토속 종교, 생활 방식 등은 악으로 간주되어 몰아내야 한다고 주장한다. 이와 같이 선과 악은 본질적이고 고정적인 것이 아니라 변화하고 구성되는 것이며, 이는 곧 권력 관계인 것이다.

## 도덕적 공분의 대상으로 악마화된 '그들'

우리와 그들의 분류가 지배의 전략이라면, 어떻게 사회의 구성원들은 이에 동조하여 동일한 대상을 악마화된 적으로 간주하는 것일까? 도덕적 공황은 당대의 도덕성과 관련이 있다. 현대사회에서 악마화된 존재는 옳고 그름을 판단하는 도덕의 기준에 익숙하지 않은 방식으로 행동한다고 여겨지는 이들이다. 하지만 이들이 가진 속성에 비해 사회는 이들에 대해 극단적으로 과잉 반응하고, 이들에 대한 논의가 집중될수록 악마화된 존재에 대한 이해가 확장되기보다는 더욱 공고화된다.

코헨(1972)은 사회가 가지고 있는 이러한 두려움을 '도덕적 패닉(moral panic)'이라 칭한다. 사회의 적(folk devils)이라는 용어는 이러한 사회적 두려움을 반영한 개념이라 할 수 있다. 악마화된 존재로서 사회의 적(folk devils)은 내집단의 이익과 가치를 침해하고 공동체를 붕괴시킬 수 있다는 두려움이 반영되어 만들어진다. 특정한 집단이나 개인이 사회를 위험에 빠뜨리는 존재, '사회악(folk devil)'으로 간주되기 시작하고, 언론은 이들에 대한 악마화된 이미지를 부각시킴으로써 도덕적 패닉을 불러일으키게 된다. 결과적으로 이러한 도덕적 패닉에 대한 사회적 반응은 고조된 대중 감정에 기반을 두어 사회 정의라는 이름하에 이들을 응징하고 제거하고자 한다(Cohen, 1972).

도덕적 패닉의 실행에 있어 미디어의 역할이 매우 중요하다. 주류 언론은 현 사회적 규범에 도전한다고 인식되는 대상에 대해 민감하게 반응함으로써 대중이 이들을 사회의 적 또는 악마로 규정하는 데 지대한 영향을 미친다. 극단적인 경우에 도덕적 패닉은 사회 내에서 대량의 히스테리를 만들어 낸다. 일반 대중은 사회적 공론장이나 언론에서 논의되는 내용이 사회 곳곳에서 실제로 일어나고 있다고 믿기 시작한다.

좀 더 구체적으로 도덕적 패닉은 다섯 단계를 통해서 나타나는데(Cohen, 1972), 첫 번째는 무언가 또는 누군가는 사회 규범 및 공동체 또는 사회 전체의 이익에 대한 위협으로 인식되고 정의된다. 두 번째로 언론 매체와 사회 구성원은 단순하고 상징적인 방식으로 위협을 묘사하여 대중에게 쉽게 인식될 수 있게 한다. 세 번째로 널리 퍼진 대중의 관심은 뉴스 매체가 위협의 상징적인 표현을 묘사하는 방식에 의해 촉발되고, 대중의 관심이 급속하게 증가한다. 네 번째로 제기된 사안에 대한 당국의 대응이 등장한다. 당국과 정책 입안자는 새로운 법이나 정책으로 위협에 대처한다. 마지막으로 사회 주류와 구성원들이 가지는 도덕적 패닉은 공동체 내에서 사회적 변화를 가져오기도 하지만 대다수의 무관심으로 희미하게 사라지기도 한다. 하지만 최근 다양한 미디어의 등장으로 일반인들에게 악마화된 적들은 발굴되기도 한다. '된장녀', '맘충', '개저씨' 등이 그러한 경우이며, 대다수 대중들에게 확산되어 공분의 대상이 된다.

## 도덕적 패닉의 집단적 효과

도덕적 패닉은 사회적 불안과 공포의 상황에서 활성화된다는 점에서 합리적이고 이성적인 결과물로 보기는 어렵다. 따라서 공동체나 집단의 가치나 이득, 안전을 위협한다고 여겨지는 대상 역시 실제 사회적 위기와 불안의 원인이라고 말할 수는 없다. 하지만 도덕적 패닉은 일부의 대상들에게는 사회적 통제를 높일 수 있는 수단이 된다. 이 같은 사실은 르네 지라르가 <폭력과 성스러움>에서 주장한 '희생양 이론'의 한 측면이다. 한 공동체 내에서 서로 폭력을 행사하는 극도의 혼란 상황을 피하기 위해 특정 개인이나 집단을 자의적으로 선택하여 그곳에 폭력을 집중시킴으로써 공동체 혹은 집단의 안정을 취한다는 것이다(고모리 요이치, 2015). 도덕적 패닉이론은 인종 또는 민족, 계급, 성, 국적, 종교적 소수자를 중심으로 희생양 만들기가 이루어지는 경향이 있다고 본다.

역사상 가장 대표적인 도덕적 패닉의 예는 17세기 매사추세츠 살렘에서 벌어진 마녀재판이라 할 수 있다. 마녀 혐의는 사회적으로 소외된 자들이었던 여성(들)을 향했고 퍼져나갔다. 결국 이러한 도덕적 패닉은 당대 종교 지도자들의 권위를 강화하는 역할을 했다. 보다 최근에는 1980년대와 1990년대 고조되었던 '범죄와의 전쟁' 혹은 '마약과의 전쟁' 등이라 할 수 있다. 1980년대 이후 신자유주의의 확산에 따라 새롭게 위험과 갈등의 축으로 지목된 이들은 복지 수혜자, 싱글 맘, 불법 이민자 등이었다(Garland, 2002). 이러한 측면에서 1980년대와 1990년대 도시 내 마약과 길거리 범죄에 대한 대중의 관심은 고조되었고, 마약과 범죄 관련 법률을 강화할 수 있는 추동력을 제공하였다. 범죄와의 전쟁/마약과의 전쟁은 도시 빈곤층과 범죄자들을 악마화하는 데 기여하였고, 결과적으로 빈곤층과 특정 인종의 수감률을 현재까지 높게 유지하는 기제로 작동하고 있다. 하층민의 도덕적 타락과 도시의 폭력 현상을 결합하는 담론들을 생산하고 사회적 무관용 정책을 대중화시킨 결과는 불안정한 노동자 계층들을 위험한 존재로 자리매김 시킨 것이다. 사회적 약자에 대한 도덕적 패닉과 악마화는 그들의 범죄화와 구금에 그치는 것이 아니라, 부도덕과 게으름의 상징이 되는 이들에 대한 통제를 통해 워크 페어의 정신을 설파함으로써 신자유주의적 이데올로기를 강화시킨다(Wacquant, 2009).

현대사회의 도덕적 패닉은 각 사회의 가치와 삶의 방식을 위협하는 다양한 주제들을 포섭하고 있다. 예를 들어, 가난을 비난하고 처벌을 강화하는 방식으로 발전하는 복지충(蟲, Welfare Queens), AIDS와 관련된 게이 아젠다, 이슬람 혐오 등의 등장을 목격할 수 있다. 현대사회의 도덕적 패닉은 과거와 달리 피해에 대한 위험 인식과 두려움을 기반으로 하고 있다. 도덕적 패닉은 도덕적 해이에 대한 사회적 공감대를 도덕적 패닉의 주된 요소로 간주한다. 하지만, 현대사회의 도덕적 패닉은 위험으로부터의 안전을 강조하는 후기 근대사회의 특성을 기반으로 하고 있기에 안전을 위협하는 것에 집중하고 있다. 온갖 불확실성으로 점철된 후기 근대사회의 구조적 변화 속에서 '위험'에 처해 있다는 담론은 보다 더 확산되었다. '위험한 자'들을 공간적으로 격리시키고 '무용한 자'들을 사회적으로 추방하기 위해 등장한 배제의 기술들은 여전히 사회적 약자를 향해 있다.

## 2. 세금 약탈자들

우리는 모두 자신의 운명을 개인적으로 책임져야 하며, 노력하는 사람은 누구나 스스로 성공할 수 있다는 것이 강력한 자본주의적 믿음이다. 하지만 자본주의 자체에 내재된 역설은 자산 탈취(asset stripping)를 통해 에너지를 얻어 생명을 유지해간다는 것이며, 현재의 가장 심각한 위기는 '인간쓰레기(human waste)'를 처리해야 하는 상황이다(바우만, 2010). 흔히 잉여 인간으로 표현되는 이들은 단순히 경제적 차원에서 자본 투자로부터 획득한 이윤의 의미가 아닌 사회적 차원에서 '쓸모없음', '무가치'의 의미를 지닌다(정수남, 2014). 이러한 잉여로 명명된 이들 가운데 정책적으로 가장 큰 관리의 대상은 빈곤집단이다. 그간 압축적 성장의 시기에서 절제하고 도덕적이며 성공 의지를 가진 사람이면 누구나 실현할 수 있는 경제적 지위를 놓고 볼 때 빈곤의 책임은 분명히 가난한 사람들에게 있다고 간주되었다. 원칙상 빈곤집단은 게으르고 방종하며 무절제하며, 나아가 성실한 사람들의 세금을 도둑질하는 사람인 것이다. 실제 자본주의의 구조적 모순과 함께 잉여 가치의 극대화를 위해서 일정 수준의 빈민은 실질 임금의 상승을 억제하는 산업예비군으로서 작동 논리가 내포되어 있음에도 불구하고 도덕적 비난의 대상이 되는 것이다.

호네트는 오늘날 일상적 빈곤의 경우 대부분 정치적 공공영역의 감지

범위를 벗어나고 있음을 지적한다. "직업 능력이 없는 독신 어머니와 관련된 빈곤의 여성화, 사회적 고립과 사적 영역의 해체를 동반하는 장기적 실업, 직업 생활 초기에는 높은 사회적 위신을 누리다가 급속한 기술 발전 때문에 무용지물이 되어버린 사람들, 높은 노동 비용에도 불구하고 충분한 수입이 보장되지 않는 소농 지역에서 발생하는 농촌의 빈곤화 경향, 부모가 다 직업을 가지고 있지만 적은 임금으로 인해 자녀를 충분히 보살필 수 없는 다자녀 가구의 일상적 궁핍이 모두 얽혀져 있다(프레이저·호네트, 2014)"는 것이다. 그리고 당사자들은 심리적, 가족적 존엄성을 지키기 위해 친척이나 가족의 지원을 동원하는 방식으로 빈곤에 대응하고 있지만, 비조직화되고 일상화된 이 같은 빈곤화 경향은 중요한 갈등의 형태로 인지되지 못하며 사적인 책임으로 전가하는 경향이 있다. 그러나 예외가 있다. 건전한 가족의 가치관을 유지하면서 성실히 구직 활동을 하며, 열심히 일하는 자들은 공공영역의 구제를 받을 권리를 가진 자격 있는 가난한 사람들이다(레이코프, 2007). 또한 최소한의 자존심을 버리고 빈곤 포르노의 대상으로 전시되고 자선을 구걸하는 노력을 하여 사회 구성원들로부터 구제의 대상임을 입증하게 된다.

경제적으로 소득보장과 사회복지가 꾸준히 증가해왔음에도 불구하고 자신의 집과 일자리, 공동체적 안전망을 박탈당한 사람들은 지속적으로 증가하고 있다. 이는 빈곤이 단순히 경제적 차원을 넘어 문화적 차원에서 작동하는 차별과 배제의 권력 효과에 의해 체계적으로 유지된다는 것을 의미한다. 최근 빈곤집단은 기초생활수급자, 신용불량자, 임대

<그림 II-2-1> 자선을 위해 가난을 전시하는 빈곤 포르노

주택 거주자와 같은 빈곤 환경에 처해있는 대상뿐만 아니라 새터민(탈북자), 외국인 노동자, 다문화 가정, 독거(빈곤)노인, 장애인 등과 같이 이미 국적이나 신체 상태에 의해 빈곤집단으로 체계적으로 편입되는 대상들까지도 빈곤집단으로 인지된다(강원대학교 사회통합연구센터, 2017).

그 중요한 흐름은 빈민의 상태와 행위를 판단하고 수급의 정도를 결정하는 자활의 강조인데, 빈곤을 벗어나려는 개인의 의지와 태도가 중요한 판단의 대상인 동시에 교정의 내용이 되는 것이다. 빈곤집단을 하층계급으로 지칭한 켄 오레타(Ken Auletta, 1982)는 <하층계급>이라는 저서를 통해 빈곤이 단지 경제적 상태만을 지칭하지 않는다는 것을 보여준다. 하층계급은 네 가지 범주로 구분되는데, (1) 오랫동안 복지에 의존하는 수동적 빈민, (2) 중학교를 중퇴하고 마약을 사용하는 적대적인 거래의 범죄자들, (3) 빈곤하지는 않으면서 삶의 터전을 지하경제에서 유지하는 사기꾼들이나 매춘부들, (4) 장애를 지니고 있는 알코올중독자들, 노숙자들,

정신병원에서 퇴원한 사람들이다. 하층계급은 그 사회의 생활방식에 융화되지 못하거나 그런 의지가 없는 사람이라고 강조하면서 도시의 빈곤과 밀접히 관련되어 있다고 보는 것이다(박병현·최선미, 2001).

한국에서의 빈곤연구도 이들 대상에 대한 개념과 의미, 그리고 해결방식에 대해 일련의 의미변화가 있어왔다. 초기 빈민연구에서 이들은 '구걸하는 불쌍한 자들이라는 이미지를 가지며, 국가적 시혜와 개인적 연민의 대상이었다. 하지만 20세기 초 근대적 통치방식이 자리 잡으면서 이들의 이미지는 질병화 되었고, 시간이 지남에 따라 범죄화 모델과 결합되었다(정근식, 2012).' 요컨대, 엄밀한 규정성을 갖지 못한 빈곤집단은 점차 구체적이고 세밀한 규정들이 개입하면서 합리적 성격을 지닌 과학적 모델로 전환되어 교정과 통제의 대상이 된다.

# 3. 문란한 자들

　무언가에 대해 욕을 할 때 '더럽다'라고 표현하는 것은 동서양의 언어를 가리지 않는 공통된 정서이다. '더러운 행위', '더러운 자' 등은 우리가 무언가를 배제하는 기준임과 동시에 합당한 이유로 여겨지기도 한다. 그러나 무엇이 더럽고 무엇이 깨끗한 것인가? 이를 규정하는 것은 누구인가? 이러한 질문에 관해 일찍이 메리 더글러스(Mary Douglas)는 문화인류학자로서 순수와 오염이라는 이원론적 사고에 반문을 던진 바 있다. 순수와 오염의 개념이 고정된 것이 아니며 또한 사회적인 상징으로 구성되어왔다는 것이다.

　더글러스는 아프리카 부족 문화의 오염신앙과 규율을 분석하면서, 오염에 대한 관념은 사회의 상징체계와 밀접한 관련이 있음을 주장했다. 더글러스의 아프리카 렐레(Lele) 부족에 관한 연구를 살펴보자. 렐레 족의 여성은 닭을 먹지 않는다. 닭은 알에서 나왔으며 알을 먹는 것 자체가 여성에게는 자기 자식을 먹는 것이나 다를 바 없다고 여겨지기 때문이다. 또한 렐레 족은 날다람쥐를 절대로 먹지 않는다. 그들에게 날다람쥐는 동물도 새도 아닌 그 경계에 걸쳐진 역겨운 존재로 생각되기 때문이다. 더글러스는 범주를 넘나드는 대상이나 제자리에 있다고 여겨지지 않는 대상이 이 부족에서 '더럽다'고 여겨진다고 분석했다(해먼드, 2007).

사회적 상징을 반영하는 오염 관념은 과거뿐 아니라 현대에도 적용된다. 우리가 말하는 '더러운 것'은 위생학적 관점에서 비롯되는 것이 아니라 사회의 상징체계와 연결되어 있으며, '깨끗함'의 경계를 만들고 한 집단을 타 집단으로부터 구별하게 한다(유제분, 1996). 이 오물은 무질서한 것으로서, 기존 질서를 위협한다고 간주된다.

　이러한 오염 관념이 적용되는 배제 사례는 다양하게 나타나지만 대표적으로 '정상적 가족'의 형상을 위협하는 대상에게 자주 나타난다. 특히 한국 사회에서 혼인이라는 사회적 인정 의식을 거치지 않은 성관계 또는 가족형태가 무질서하고 오염된 것이라는 인식이 강하게 남아있는 것을 볼수 있다. 우리 사회에서 혼전 동거, 나아가서 혼전 성관계는 최근까지도 떳떳하지 못한 것이라는 인식이 있다. 2000년대 중반까지 청소년을 대상으로 일부 학교에서 나타났던 '순결교육', '순결캔디' 등의 사례를 보아도 혼전 성관계는 순결하지 못한 것, 즉 '깨끗하지 못한 것'으로 다루어졌다.

　물론 혼전 성관계나 혼전 동거에 대한 시선이 과거보다 많이 개선된 것은 사실이다. 그러나 2017년 한국보건사회연구원의 연구에서 동거커플의 절반 정도(51%)가 타인의 부정적 편견으로 차별을 당한 경험이 있으며, 절반에 가까운 45.1%가 실질적인 정부 서비스에서 차별을 겪었다고 응답한 것을 보면 사회 인식적, 제도적 차원에서 아직도 혼전 동거에 대해 냉담함을 알 수 있다. 비혼 동거가족은 아직 우리 사회에서 '비정상'의 범주로 취급되고 있다는 것이다. 동거커플과 같이 비혼과 관련해 비정상의 범주로 분류되는 이들은 독신자, 돌싱(이혼자), 미혼모 등이 있다(강원대학교 사회통합연구센터, 2017).

<표 II-3-1> 비혼 동거가족 실태조사

| 구분 | 100(%) |
|---|---|
| 내 스스로 떳떳하지 못해서 | 13.9 |
| 부모, 가족 및 주변 우려나 잔소리가 듣기 싫어서 | 35.4 |
| 다른 사람이 안 좋게 생각하거나 편견을 가지고 볼까 봐 | 48.5 |
| 기타 | 2.1 |

출처: 보건사회연구원 '비혼동거가족실태조사'
(동거경험이 있지만 공개하지 않은 응답자 237명)

| 구분 | 100(%) |
|---|---|
| 정부에서 받을 수 있는 지원을 못 받았다 | 27.2 |
| 사회서비스 이용에 한계가 있었다 | 31.6 |
| 받을 수 있는 혜택에서 혼인신고한 부부가 아니라 제외됐다 | 34.2 |
| 병원에서 보호자가 안 되는 등 배우자 역할에 제약이 있었다 | 7 |

출처: 보건사회연구원 '비혼동거가족실태조사'
(차별을 겪은 동거경험 응답자 114명)

비혼과 관련된 부정적 시선은 '정상적 가정'의 해체 담론에서 극명하게 드러난다. 미혼모 또는 미혼부, 그리고 이혼자에 대한 시선 또한 과거보다 나아졌다고 하지만 여전히 부정적이다. 그것이 타인의 일이 아니라 본인과 관련되었을 때에 더욱 그렇다. 2015년 결혼정보업체 듀오는 미혼 남녀의 절반 이상이(남성 51.3%, 여성 58.4%) 이혼을 '필요하다면 할 수 있는 것'으로 여기는 동시에, 내 결혼 상대자의 이혼 경험을 중요하게 생각하는 비율 역시 남성 55.1%, 여성 57.4%로 적지 않게 나타났다고 밝혔다.

미혼 남녀의 혼인과 그 자녀로 구성된 '정상' 가족 형태는 더 이상 유효하지 않다는 것이 학자들의 일반적인 견해다. 그러나 우리 사회는 여전히 가족 이데올로기가 지배하는 사회다. 이는 미혼모(또는 미혼부), 동거 등 '정상' 가족 범주에 속하지 않는 사람들을 성적으로 문란한, 비정상적인 존재로 만드는 기제로 작용한다.

다문화가정, 혹은 다문화 커플에 대한 시선 역시 마찬가지이다. 한국전쟁을 거치면서 '혼혈아동'을 '튀기', 기지촌 여성들을 '양공주'(심하게는 양색시나 양갈보로도 칭하였음)로 부르던 시기가 있었다. 이 비하어는 외국인 남성과 관계를 맺는 여성들에 대한 사회적 낙인이 함축되어 있다. 이들에 대한 부정적인 정서는 아직 사라지지 않았다. 다문화가정 혹은 다문화아동이 겪는 사회적 차별은 익히 알려져 있으며, 가정을 이루지 않더라도 외국인과의 연애 관계 역시 편견을 피하기 어렵다. 국제연애를 하는 이들의 일상을 다룬 웹툰 등에서 그려지는 그들의 경험담은 이들이 아직 사회의 따가운 시선을 피해가기 어렵다는 것을 말해준다. 특히 외국인 남성과 연애하는 여성에 대한 '문란함'의 낙인을 보면 과거의 '양공주' 낙인이 우리 사회에서 완벽하게 지워지지 않았음을 보여준다.

이 불결함(defilement)의 낙인은 결국 기존 질서의 경계를 넘나들거나 파괴하는 '오염 물질'에 대한 낙인이다. 이 낙인은 정상 가족 이데올로기의 상징질서를 어지럽히는 파괴자라는 믿음에서 비롯된 것이다. 그리고 사회적으로 구성된 도덕률은 '더러운 것'을 배제하는 경계선을

강화하고, 아직까지 사회적으로 인정되는 '정상성'을 유지하는 집단에게
비난의 정당성을 부여해준다.

# 4. 악성 중독자들

중독자들은 사회에서 경원시하는 대상들 중 가장 손쉽게 배제의 정당화가 가능한 자들이다. 그 이유는 이 중독 과정에 자발성이 있으므로, 중독자 개인의 책임이 존재한다고 여겨지기 때문이다. 알코올중독자, 마약중독자는 물론이거니와 흡연자와 같은 니코틴중독자는 스스로 그 수렁에서 벗어날 의지가 없는 의지박약자들, 또는 성격장애자들이라는 낙인이 찍힌다. 또 중독은 아닐지라도 에이즈 환자 역시 무분별한 성관계에 의한 질병이라는 이미지 때문에 감염인의 책임이라는 사회 인식에 빠지게 된다. 이들은 스스로 불명예를 떠안은 자들로서 자제심이 없는 무절제한 자들이며 사회적 오점(social stigma)으로 여겨진다. 미셸 푸코(Michel Foucault)는 저서 <광기의 역사>에서 어떻게 나태함이 정신병리학적인 면에서 질병으로 규정되는지를 보여준다. 중세 시대에 나태함은 신에 대한 불경으로 해석되어 게으름뱅이, 부랑자, 실업자, 중독자, 광인 등은 감금과 격리의 대상이었다. 그러나 자본주의 시대로 이행됨에 따라 노동을 하지 않는 게으름뱅이, 부랑자, 실업자는 부르주아 경제 구조 안에 편입되게 되었고, 노동을 할 수 없는 중독자, 광인은 감금의 대상이 되었다(김영희, 2010). 그러한 과정에서 중독자, 광인들은 이성을 가진 이들에 반대되는 비이성적 질환자들이며, 통제 불가능한 '악' 그 자체로 남게 된다. 중독과 광기는 경제적 요구와 더불어 나태함에 대한 부르주아의 도덕성에 의해 판단되었다. 현재에도 중독자들에 대한 규정은 흡연자, 게임 이용자 등으로 확장되며, 사회적 낙인의 대상으로 구성된다.

중독자들은 위험 담론을 통해 대중들에게 공포감을 유발하며 배제의 대상이 된다. 예컨대 이전의 전염병이 그랬듯, 에이즈는 사회에 대량의 공포심을 유발한다. 이 공포의 원인은 막연하지만 공포는 확고하게 실재적이다. 에이즈는 이미 효과적인 치료법이 개발되어 치료 가능한 질환이 되었으며, 감염경로 역시 점막 접촉이나 체액 교환이 아니면 같은 공간에 있거나 같은 물건을 사용한다고 해서 감염되는 것이 아니다. 그러나 사람들은 여전히 에이즈 환자와 같은 화장실을 쓰거나 같은 식기와 잔을 사용하는 데에 막연한 공포심을 갖게 된다. 한편 흡연자는 간접흡연의 위험성이 공익 캠페인 등을 통해 알려지면서 당당히 공공장소에서 위해 물질을 퍼뜨리는 이들로 비난받게 되었으며, 알코올중독과 마약중독은 전염성이 없다 하더라도 그것이 유발하는 심신미약이 주변에 위해를 끼칠 수 있다는 불안감 때문에 잠재적 범죄자로 낙인찍히게 된다. 이 편견은 미디어에서 보도되는 여러 사건에 의해 강화된다. 전체 범죄에서 이들 중독자들이 차지하는 비중이 어떠하다거나, 중독과 범죄 간의 상관관계 여부는 중요치 않다. '선량한' '보통' 사람들을 해치는 이 중독자들은 치료가 필요한 이들이 아닌 사회에서 정당하게 배제되어야 하는 악성 물질이다. 질병 또는 위해에 대한 공포가 특정 집단의 이미지에 덧씌워지면서 이 낙인이 찍힌 인간들이 가치 없고 타락한 인간으로 전락하는 것이다(Goffman, 1963). 실질적 위해요소가 있으며 개인의 책임에 의한 중독이라고 여겨지기 때문에 이 질환자들에 대한 분노와 부정적 감정, 회피와 추방은 당위성을 획득하게 된다(Herek, Capitanio, and Widaman, 2002).

## 5. 역겨운 취향들

    우리는 생소한 것들에 대해 거리감을 느낀다. 특히 주류집단의 그것과 상이한 소수집단의 문화나 특성인 경우 부정적인 이미지를 덧씌워 배제의 대상이 된다. 동성애자, 트랜스젠더, 오타쿠, 게이머 등 사회에서 특이하고 돌연변이적인 존재로 치부되는 이들에 대한 배제는 때로 당위성을 획득하기 위해 피할 수 없는 생리학적 거부감 등으로 표현되지만 실제로는 사회적 거리감에 가깝다고 볼 수 있다.

    사회적 거리감(social distance)은 사람들 사이의 공감적 이해(sympathetic understanding)가 상이함을 뜻하며(Bogardus, 1933), 상호작용의 어떤 영역에 대하여 사람들이 허용하는 정도(Westie, 1959; 김상학, 2004 재인용)이다. 사회적 거리감은 심리적 상태에 머무는 것이 아니라 특정 대상이나 집단에 대한 차별로 발현된다. 전통적으로 유색인종, 동성애자에 대한 차별은 개신교 우파나 인종주의자들의 분리와 혐오의 운동으로 나타난다. 이들 운동은 자신이 최상으로 여기는 순수성, 충성심 등의 가치가 동성애자, 유색인종들로부터 침해되었다고 주장한다. 나아가 그들로 인해 사회는 도덕적으로 해이해졌으며, 그 원인은 동성애와 낙태, 그리고 진보주의자들의 무분별한 이민 정책에 있다고 본다(Pew Research, 2016). 그러한 이유로 이들 운동은 반낙태법, 동성애 금지법, 이민 금지법을 강력하게 주장하며 차별을 정당화한다.

그런데 중요한 것은 구체적이고 명확한 적을 만듦으로써 다양한 위치의 사람들을 결집하며, 자신들의 세력과 특권을 옹호하기 위해 차별을 필요로 한다는 것이다.

흔히 주류집단이 소수자집단에 대한 차별은 '역겹다', '더럽다'라는 언어로 표현된다. 이러한 언어는 상대가 불결한 존재임을 나타낸다. 불결하다는 것은 공동체에서 금기시되는 것을 위반했기 때문에 죄로 더럽혀졌다는 의미를 내포한다(고모리 요이치, 2015). 이 같은 언어는 일상성, 정상성에서 벗어난 비정상의 존재에 대한 암묵적인 배제를 요구한다. 또 이 혐오감은 때로 희화화된 유머 소재의 대상이 된다. 사회적으로 통용되는 역겨움이 우스움으로 변환되면서 경멸로 이어지는 것이다. 게이 문화의 희화화, 우스꽝스럽게 화장한 여장남자의 이미지, 베개를 들고 다니는 오타쿠 등 주류사회는 이들의 소수자성을 극화하고 가벼운 유머로 소비한다. 이러한 경향은 이들이 주류집단에 비해 수학적 소수성을 갖추고 있기 때문에 더욱 심각해진다. 이러한 경멸의 문화에 저항하기 힘들기 때문이다. 최근 마이너리티의 정의에서 인구학적 소수성은 필수 조건이 아니게 되었으나, 이렇듯 수적으로도 소수에 속하게 되면 배제는 더욱 강력해지며 다수자의 폭력에 쉽게 노출된다. 또 이들은 폭력의 대상이 되지 않기 위해 자신의 정체성이나 취향을 숨기고 존재를 지우게 되고, 주류집단에게 더욱 생소한 존재가 되는 거리감의 순환이 일어나는 것이다. 곁에 존재해도 드러내지 않으려 하기 때문에 정보의 유통이 쉽게 이루어지지 않고, 오해나 몰이해가 생겨도 쉽게 수정되기 어렵다. 동성애자가 전부 에이즈 환자일 것이라거나, 트랜스젠더와 크로스

드레서를 구분하지 못하거나, 게이머나 오타쿠는 사회에서 격리되어 살아가고 있는 중독자라거나 하는 등의 무지에서 비롯된 편견이 통용되는 것도 그 때문이다. 이처럼 이질성에 대한 혐오는 동등한 동료의 자격을 박탈함으로써 사회적 배제의 대상이 되어간다.

# 6. 열등한 자들

사회적으로 규정되고 배제되는 비정상성은 제도에 대한 도전이나 기존 질서의 파괴에 국한되지 않는다. 비만인, 키 작은 남자, 못생긴 여자, 장애인 등과 같은 표상들로 대표되는 외모에 의한 차별과 편견이 그것이다. 신체에 의거한 배제는 비단 현대에서만의 일은 아니다. 특히 신체 장애에 대한 인권침해와 차별은 고대로부터 심각하게 존재해 온 사안이다. 현대로 접어들어 인권에 많은 부분 개선이 있다 할지라도 가시적 신체에 의한 차별과 낙인은 여전히 남아 있다. 이러한 낙인은 사회 주류, 또는 사회적으로 우월하다고 주입된 가치와의 '다름'을 확인하는 단계에서 출발한다. 지배적인 문화적 신념과 차이를 보이는 것에 부정적 속성을 연결하면서 피낙인자들은 '다른 종류'의 사람들로 간주되고 거부, 배제되면서 차별을 경험한다는 것이다(Link and Phelan, 2001; 임인숙·김민주, 2012 재인용).

이러한 경향은 소비 사회적 양상이 두드러지면서 더욱 강조되는 측면이 있다. 부르디외가 말했듯, 몸은 이미 신체자본으로서 문화자본의 한 형태가 되었다. 브라운밀러(Brownmiller, 1984) 역시 아름다움의 서열이 사회적 지위로 전환될 수 있는 육체의 자본화가 가능한 사회에 대해 이미 언급한 바 있다. 현대사회에서 '아름다운' 신체는 미디어에 의해 전시되고 올바른 것으로 여겨진다. 날씬한 몸, 균형 잡힌 얼굴, 서양인에 가까운 신체 비례 등이 우월함의 상징이 되고 그에 미달하는 이들은 비하되거나 희화화된다. 21세기에 들어서서도 외모 비하와 관련된 개그는 코미디 프로그램에서 흔히 찾아볼 수 있으며, 인터넷에서는 이와 관련된 비난적인 또는 자조적인 유머가 횡행한다. 한국 인터넷 커뮤니티에서 쓰이는 욕설을 살펴보면 상대방의 외양을 모르는 상태에서 비난을 할 때 흔히 사용되는 공격이 바로 외모와 관련한 비아냥거림임을 확인 가능하다. 뚱뚱하고 못생긴 페미니스트, 뿔테안경을 끼고 피부가 얽은 키 작은 남자, 그리고 여타 묘사 없이도 '장애인'이라는 한 단어로 축약되는 욕설 등 대부분의 인신공격 수단이 외모와 관련되어 있다.

사실상 이러한 배제는 사회적으로 우월하다고 여겨지는 외모에 대한 찬양보다도, '평균 이하로 여겨지는' 외모에 대한 비하와 조롱이 더 두드러지게 나타난다. 사실 비난받는 대상들이 정말로 '평균 이하'인가는 중요하지 않다. 이 낙인찍기에서 중요한 것은 이들을 묶어 '패배자', '열등한 자들'로 규정하면서 그렇지 않은 사람들에게 주류성과 정상성을 부여한다는 것이다. 이 이미지들에 강요되는 '열등함'에는 단순히 가시적인 현상을 넘어서서 비도덕성의 낙인이 포함된다. 이들의 열등함은 바람직하지 못하며 옳지 못한 것으로 치부된다.

대표적으로 비만에 관한 비난 양상을 살펴보자. 비만은 1996년 세계보건기구에 의해 장기 치료가 필요한 질병으로 규정되었으며 운동 부족뿐아니라 유전적 요인, 영양 불균형, 내분비계통질환, 우울 등 정신적 요인, 약물 부작용 등 다양한 원인에 의해 나타난다. 그러나 현재 비만이 비난과 배제의 대상이 되는 과정은 비만의 원인을 비도덕과 나태로 규정함으로써 완성되고 있다는 것이다. 게으름, 자기관리 실패, 의지력 부족 등 비만은 질환이 아니라 개인의 실패 또는 열등함의 증거로 치부된다. 이 과정을 거쳐 비만에 대한 낙인은 사회적으로 용인되고, 이러한 사회적 낙인이 비만의 실질적 건강에 대한 위해에 더하여 건강을 악화시킨다는 연구 결과도 존재한다(Millman, 1980; Puhl and Heuer, 2010).

피부 관리를 하지 않는다, 패션에 신경을 쓰지 않는다, 살을 빼지 않는다는 등 저평가되는 외양을 개인의 책임으로 돌리면서 배제와 악마화에 정당성을 부여하는 분위기는 비만뿐 아니라 전방위적으로 존재하고 있다. 그리고 이러한 비난은 희화화되어 소비되기 때문에 더욱 악순환을 만들어낸다. 웃어넘기지 않으면 '쿨하지 못한' 사람, 열등감을 가진 사람으로 지적되기 때문이다. 그리고 사회의 구성원들은 이들 '열패한 집단'과 달라지기 위해, 우월성을 입증하고 모욕의 대상이 되지 않기 위해 발버둥을 쳐야 한다.

# 7. 누가 비난받아 마땅한가?


## 경계 밖의 존재, 마이너리티(Minority)

후기 자본주의사회에서 이 같은 불평등의 질적 변화는 사회적 관계에서 무시와 모욕의 경험을 증가시키며, 무시의 경험으로 손상된 정체성은 이를 회복하고자 하는 본원적 운동을 만든다. 그것은 나의 우월성을 입증할 수 있는 타자를 발굴하여 경계선을 긋고, 그들을 부정적이고 열등한 것으로 폄하함으로써 개인이나 집단의 정체성을 긍정적으로 보존하는 것이다. 경계는 물질적 자산을 중심으로 한 계급뿐만 아니라 젠더, 인종, 외모, 신체, 취향, 거주지, 라이프 스타일 등으로 확장되어 우열을 가르는 방식으로 진행된다. 따라서 이 같은 경계에는 항상 상대적으로 열세에 있는 집단, 즉 마이너리티(minority)가 존재하게 된다(김남옥 외, 2017).

마이너리티는 수의 많고 적음이 아닌 신체적·문화적인 특징으로 인한 '편견과 차별 여부'가 중요한 결정 기준이다. 마이너리티를 권력의 문제로 접근해야 한다고 주장하는 알코프와 모한티(Alcoff and Mohanty)는 마이너리티의 개념을 세 차원으로부터 추출한다. 첫째, 비헤게모니(nonhegemonic), 비지배적(nondominant) 위치 또는 정체성을 지닌 집단, 둘째, 지속적인 경쟁 또는 투쟁에서 궁지에 몰린 사람들

혹은 지위, 권력, 존중의 평등을 누릴 기회를 박탈당한 자들, 셋째, 주류의 규율과 규범으로부터 배제당한 자들이라는 것이다(Alcoff and Mohanty, 2006 김남옥 외, 2017 재인용). 본질적으로 차이의 영역인 사회 공간에서 우열을 가르는 방식으로 작동하는 상징적 경계는 마이너리티가 유동적으로 구성되는 개념임을 말해준다. 마이너리티의 생산은 일상의 사회적 관계에서 특정한 차이의 대상을 동등한 공동체의 일원임을 부인하고 배제하는 것으로부터 시작된다. 그리고 이러한 차이에 대한 상징적 경계가 다수 대중들의 인식 속에서 각인될 때 물적 자원의 분배와 사회적 기회의 박탈이라는 사회적 차별로 고착화되는 것이다.

종전의 인종, 젠더, 신체장애와 같은 고착적 속성에 기초한 마이너리티의 영역을 넘어 오늘날엔 변동 속에서 마이너리티가 새롭게 생산되어 차별의 대상이 되고 있다. 한 사회 내에 항시 차별이 존재하여왔지만, 오늘날의 차별은 객관적이거나 물리적인 준거에 의해 행사되기보다는 동등한 공동체의 일원임이 부인되는 주관적인 관계의 차원에서 발생한다. 이에 따라 마이너리티에 대한 차별은 '이웃으로 받아들이겠다,' '배우자로 삼겠다'와 같이 사회적 관계 맺음의 허용에 대해 질문을 통해서 이루어진다(석승혜·장안식, 2016; 김상학, 2004).

## 축출의 최전선

한국 사회에서 포착되는 사회적 관계에서의 차별받고 고통받는 집단은 다양하다. 정상적 가족의 특성에서 벗어난다고 여겨지는 이혼자,

미혼모, 다문화 가정, 신체나 능력이 표준에 미치지 못한다고 여겨지는 장애인, 비만인, 열등생, 특이한 특성을 가진 대상으로 취급되는 동성애자, 오타쿠 등. 이와 같이 개인의 차이는 단지 개인이 가진 독특성의 문제가 아니라 정상과 비정상을 나누는 기준으로 작동하면서 다양한 영역에서 마이너리티를 생산하고 있다. 이에 본 연구는 한국 사회에 존재하는 다양한 마이너리티를 추출하여 이들의 주요 생산 영역을 밝히고, 이들에 대한 차별의 정도를 분석하였다. 자료는 강원대학교 사회통합연구센터와 한국리서치가 공동으로 2014년부터 2017년까지 설문조사를 통해 수집한 총 13,583명의 응답 자료를 바탕으로 하였다. 여기서 마이너리티에 대한 차별은 '다음과 같은 사람들을 당신이 속한 모임이나 공동체의 일원으로 받아들이겠습니까?'라는 질문에 대한 인정(1점)과 불인정(10점) 수준을 측정하였다.

마이너리티의 주요 생산 영역은 결핍, 결혼, 열등, 중독, 취향과 관련되어 있는 것으로 확인되었다(<표 II-7-1>). 전통적으로 경제적 결핍은 차별의 영역이었으며, 장애인, 새터민(탈북자), 이주노동자와 같은 인종이나 신체적 특성의 집단이 구조적으로 빈곤집단으로 결합된다는 점에서 사람들은 이들을 빈곤집단으로 인지하고 있었다. 비혼자(독신), 이혼자(돌싱), 미혼모, 결혼하지 않고 동거하는 커플은 결혼의 영역에서 마이너리티로 규정되고 있었으며, AIDS 질환자, 마약과 알코올중독자, 흡연자는 중독의 영역에서 마이너리티로 규정된다. 특히 AIDS 질환자는 마약, 알코올, 담배와 같은 물질에의 의존성을 가진 중독은 아님에도 불구하고 일반인들에게는 타인에게 오염과 피해를 줄 수 있는 중독된 대상으로

<표 II-7-1> 고불안사회의 악마화된 적들

| | 빈곤집단 | 비혼집단 | 중독집단 | 취향집단 | 열등집단 |
|---|---|---|---|---|---|
| 정의 | 경제적 결핍의 대상 | 표준 가족 형태에서 벗어난 대상 | 신체 및 정신적 중독 및 의존 대상 | 성적 기호, 문화적 기호의 소수자 | 신체, 외모, 성적 등이 기준에 못 미치는 대상 |
| 도덕적 비난 | 게으름 무절제 잠재적 범죄 | 이기심 무책임 성적 문란 오염 | 전염성 비정상 범죄자 | 정신 질환 문란 | 불성실 관리부재 |
| 대상 | 기초생활수급자 신용불량자 임대주택 거주자 새터민 외국인 노동자 독거/빈곤 노인 장애인 다문화가정 | 독신자 미혼모 돌싱 동거커플 | 마약중독자 알코올중독자 AIDS 질환자 흡연자 | 동성애자 트랜스젠더 오타쿠 게이머 | 비만인 키 작은 남자 못생긴 여자 취업포기자 열등생 |

인지되고 있다. 취향과 열등은 비교적 최근에 등장한 마이너리티 생산 영역으로 개인적 성적 취향, 문화적 취향, 외모와 같은 주관적이고 비가 시적 특성들로 인해 차별받는 집단으로 동성애자, 트랜스젠더와 같은 성 적 마이너리티와 게이머, 오타쿠, 타 종교인과 같은 문화적 마이너리티 가 이에 해당한다. 열등은 비만인, 못생긴 여자, 키 작은 남자와 같은 외 모적 특성과 성적(grade)이 부진한 열등생과 취업포기자가 차별의 대상 으로 존재하게 된다.

좀 더 구체적으로 각각의 마이너리티에 대한 차별 현황을 살펴보면

<그림 II-7-1>과 같다. 마이너리티에 대한 차별 수준은 마약중독자(8.80)가 가장 높으며, 다음으로 알코올중독자(8.15) AIDS 질환자(8.04), 트랜스젠더(6.82), 동성애자(6.74)의 순이다. 반면 임대주택자(3.68), 독신자(3.92), 타 종교인(3.98), 키 작은 남자(4.17) 등에 대한 차별은 낮은 것으로 나타났다. 이는 중독과 성적 취향의 마이너리티가 차별의 최선에 있는 집단을 말하며, 오타쿠(6.28), 게이머(5.66)와 같은 문화적 취향집단 역시 높은 차별의 대상이 되고 있다. 하지만 전통적으로 차별의 대상이 었던 빈곤집단인 임대주택거주자, 실직자, 빈곤노인 등에 대한 차별은

<그림 II-7-1> 개별 마이너리티에 대한 차별 현황

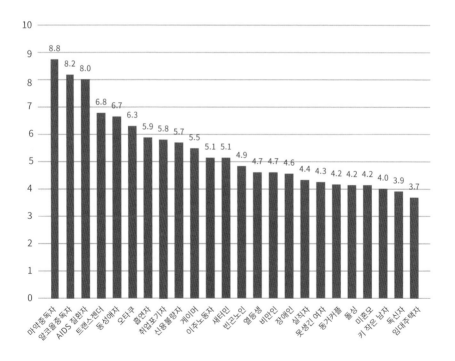

낮으며, 비혼과 관련된 독신자, 미혼모, 이혼자, 동거커플에 대한 차별 수준도 전반적으로 낮다고 할 수 있다.

마이너리티 영역별 차별 수준을 비교하였을 때 중독(7.74)과 취향(5.90)에 대한 차별이 높게 나타났는데, 이는 공동체의 일원으로서 자격이 부인되는 수준에 이른다고 할 수 있다. 하지만 결핍(4.90), 열등(4.80), 결혼(4.15)에 대한 차별은 5점 미만으로 차별 수준이 낮다고 할 수 있다.

이와 같이 사회 내에서 마이너리티의 누적적 확충은 누구나 사회로부터 퇴출될 수 있다는 불안과 두려움으로부터 추동된다. 바우만은 실제 빈곤과 실업 등으로 불필요한 인구들이 사회의 내부에 남아서 유용하고 적법한 시간이 길어질수록, 정상과 비정상, 일시적인 자격 박탈과 궁극적인 쓰레기 판정을 구분하는 선은 점차 모호해진다고 했다. 이렇게 되면 쓰레기 판정은 상대적으로 소수의 인구에만 국한되기보다는 모든 이들이 잠재적인 대상이 되는 것이다(바우만, 2012). 이로써 대부분의 사람은 지금 쓰레기가 되거나 미래에 쓰레기 판정을 받을 수 있다는 염려에서 자기가 표준이고 정상임을 입증해야 하는 상황으로 몰리며, 이질성에 대한 분리와 배제가 강박적으로 추동된다.

# Ⅲ. 내면적 고통의 외연적 확충:
## 데블링 하는 자

사회적 불확실성은 삶에 대한 두려움, 특히 현재보다 미래의 삶에 대한 막연한 두려움을 가중시킨다. 이렇듯 높게 가중된 불안은 자기 삶에 대한 자신의 책임을 가중시키는 개인화를 불러오고 더불어 개인의 불안을 증폭시킨다. 믿고 의지할 수 있는 경제적, 규범적, 제도적 안전망이 점차 유실됨에 따라 표준적인 생애 경로가 무너지고 있다는 불안이 개인에게 고통으로 체감되는 것이다. 예컨대 연애, 결혼, 출산을 포기했다는 '삼포세대'로부터 'N포세대'로 확장되는 담론의 생산은 사회적 불안이 생애의 특정 단계에만 영향을 주는 것이 아니라, 생애 전반에 걸쳐 모든 것을 포기해야 하는 형국으로 확장되고 있음을 말해준다.

 어느 때보다 불확실성이 확산되고 있는 지금의 환경에서 대다수 사람들은 자기 삶에 대한 통제감을 상실하고 무력감을 느끼고, 자신의 존재가 부정되고 훼손될 수 있다는 위기감이 고조된다. 이때 사람들은 우리와 그들을 나누는 경계를 강화하고, 그들의 정체성을 폄하함으로써 우리의 정체성을 긍정적으로 보존하고자 한다. 문화인류학자 아르준 아파두라이(Arjun Appadurai)는 최근 세계 도처에서 되살아나고 있는 민족주의, 인종차별주의의 움직임에 대해, 위기의 상황에서 다수자는 소수자의 말살을 요구하는 "약탈적 정체성(아파두라이, 2011)"을 띠기 쉽다고 지적한다. 약탈적 정체성은 우리 집단과는 다른 사회적 범주에 있는 그들 집단이 전체의 질서를 위협한다고 규정하고, 이들의 정체성을 폄하하고 말살함으로써 우리 집단의 우월성을 입증하고자 하는 것이다.

 중요한 것은 우리 사회의 타자(데블)들을 규정하는 사람이 항상 강자이거나 기득권이 아니라는 것이다. 누구나 자기 혹은 자기 집단의 정체성을 긍정적으로 보존하고자 한다는 점에서, 사회적으로 열세에 있는 집단이라도 자기 인접 집단과 경계를 생성하여 약탈적 정체성을 확보하고자 한다. 예컨대 하층 노동자 계층 내에서도 백인 노동자는 흑인 노동자의 게으름을 탓하고 세금 약탈자의 이미지를 부여함으로써 인종적 우월성을 입증한다(Lamont, 2001). 그러한 이유로 현재 한국 사회는 종전의 계급 도식이 아니라 젠더, 신체, 외모, 거주지, 종교 등 수많은 기준으로 차별과 무시가 이루어지고 있다.

이에 한국 사회에서 지속적으로 마이너리티의 생산을 확충하고 이들에게 부정적 이미지를 부여하는 자는 어떤 특성을 가지고 있으며, 나아가 데블링의 결과가 전체 사회의 연대감을 파괴하고 서열주의나 꼰대문화와 부정적인 결과로 고착될 가능성에 대해 좀 더 자세히 살펴보도록 하겠다.

# 1. 남성의 적, 여성의 적

## 경계 밖의 존재, 마이너리티(Minority)

남성과 여성은 서로가 낯선 존재자이다. 그래서 젠더는 대상의 분류 기준인 동시에 차별의 영역이 되어왔다. 농업사회로부터 자본주의사회로 이행되는 동안 신체적, 지적 능력의 남녀 차이에 대한 이데올로기에 있어 남성은 공적 영역에, 여성은 사적 영역에 머무르는 것을 당연시 해 왔다. 이 같은 남녀 간 차이에 대한 인식은 우등과 열등의 경계로 자리 잡아 왔으며, 나아가 임금의 차등적 배분과 같은 객관적 차이로 나타나고 있다.

다수 학자들이 남녀 간 차이에 대한 이데올로기가 허구임을 입증하는 것은 물론이려니와 그러한 논리를 해체하고자 노력했음에도 불구하고 여전히 남녀 간 차이가 존재하고 있다. 그 이유는 첫째, 남녀가 이질적으로 느끼는 대상이 다르다는 데 있다. 대표적으로 범죄의 두려움은 여성에 있어 더 높으며, 많은 경우 그 대상은 남성이다(장안식, 2012; 조은경, 1997). 남성들은 여성들로 인한 직접적인 범죄 피해의 두려움은 낮지만 최근 여성들의 사회진출이 기득권을 유지해왔던 지위에 대한 위협으로 인지되는 경향이 있다. 여성들의 무임승차와 역차별 논의는 남성들의 혐오 대상이 일부 여성에서 전체 여성으로 확장되고 있음을 보여준다.

둘째, 남녀 간 배우자 선택 기준도 다르다. 남성은 경제력, 여성은 외모를 우선시하는 현상이 지금도 유효하며 이러한 기준에 미치지 못할 경우 배제의 대상이 될 가능성이 높다. 셋째, 남녀 간 옳고 그름의 판단 기준이 되는 도덕성에 대한 인식의 차이를 들 수 있다.

　이러한 사실은 남녀가 서로를 적으로 인지하기도 하며, 남녀의 타인에 대한 인지 방식, 상대방에 대한 기대 요건, 사회 구조적 환경에 따라 두려움의 대상들이 다르게 구성될 수 있다는 것을 보여준다. 분명한 것은 시대와 공간에 따라 데블링의 대상들이 새롭게 구성되는 것과 같이 남녀 간에도 경험의 세계가 다르면 지키고자 하는 가치에 차이가 있고, 지키고자 하는 가치가 다르다면 적으로 인지되는 대상에도 차이가 있을 수 있다는 것이다.

　그렇다면 현재 남녀가 적으로 인지하는 대상은 서로 어떠한 차이가 있는가? 이에 2017년 강원대학교 사회통합연구센터와 한국리서치에서 조사된 남녀 간 마이너리티 차별 태도를 비교하고, 남녀에 따라 누가 가장 큰 차별과 혐오의 대상이 되는지를 살펴보았다.

　우선 남녀의 마이너리티에 대한 차별 수준은 중독, 취향, 빈곤, 열등, 비혼 영역의 순서로 동일하게 나타났다. 비혼집단이 가장 낮은 차별수준을 보이고 있었고, 그 뒤를 열등집단, 빈곤집단, 취향집단, 중독집단이 따르고 있었다. 이는 성별과 관계없이 우리 사회에서 중독집단과 취향집단이 비혼집단이나 열등집단에 비해 상대적으로 더 차별받고 있음을 나타낸다. 또한, 대부분의 마이너리티 집단이 남녀 간 각 집단에 대한 차이는

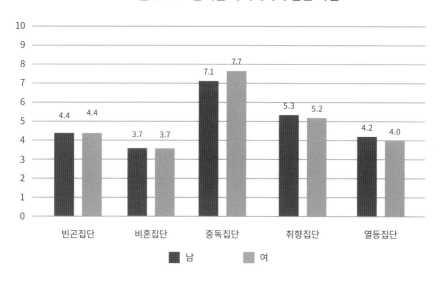

<그림 III-1-1> 남녀별 마이너리티 집단 차별

그리 크지 않은 것으로 보이는 한편, 중독집단과 열등집단은 비교적 그 차이가 컸다. 중독집단의 경우 여성으로부터의 차별이 남성보다 더 심하였던 반면, 열등집단의 경우 남성으로부터의 차별이 여성보다 더 심했다.

   남녀 간 차이를 더욱 구체적으로 보기 위해 마이너리티 집단에 대한 차별을 세부적으로 확인해 보았다. 빈곤집단의 경우 전반적으로 남녀 간 큰 차이는 없었지만, 이주노동자와 새터민에서 뚜렷한 차이를 보였다. 이주노동자와 새터민이 국적을 기준으로 내집단과 외집단을 구분하는 범주라는 점을 고려할 때, 남성에 비해 여성이 국가적 배경을 공유하지 않는 외집단에 대한 차별 정도가 높은 것을 확인할 수 있었다. 또한

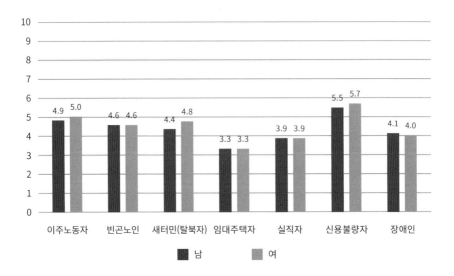

<그림 III-1-2> 남녀별 빈곤집단 차별

| 이주노동자 | 빈곤노인 | 새터민(탈북자) | 임대주택자 | 실직자 | 신용불량자 | 장애인 |

남: 4.9, 4.6, 4.4, 3.3, 3.9, 5.5, 4.1
여: 5.0, 4.6, 4.8, 3.3, 3.9, 5.7, 4.0

■ 남　　■ 여

신용불량자의 경우도 여성의 차별이 높은 것으로 나타났는데, 이는 경제적 차원에서 자기 관리가 부족한 사람들에 대한 차별이 여성에게서 더 강하게 나타난 것으로 해석할 수 있다.

　남녀의 마이너리티 차별은 결혼 집단에서도 나타났다. 동거커플에 대한 거부감은 여성이 다소 높았으며 비혼자와 이혼자의 경우 남성의 차별이 다소 높은 것으로 나타났다. 이는 결혼과 성에 대한 관념이 성별로 다르기 때문인 것으로 보인다. 즉 남성의 경우 여성에 비해 결혼이 통과의례이고 평생 지속되어야 하는 사회적 계약이라는 관념이 강한 한편, 여성의 경우 남성에 비해 결혼 관계에 종속되지 않는 동거 관계에 대한 거부감이 다소 높은 것으로 해석할 수 있다.

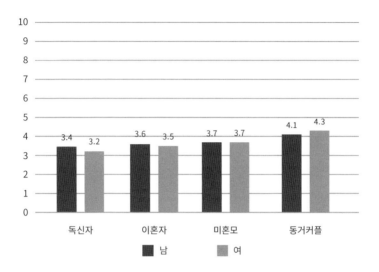
<그림 III-1-3> 남녀별 비혼집단 차별

| | 독신자 | 이혼자 | 미혼모 | 동거커플 |
|---|---|---|---|---|
| 남 | 3.4 | 3.6 | 3.7 | 4.1 |
| 여 | 3.2 | 3.5 | 3.7 | 4.3 |

약물중독과 알코올중독집단의 경우 다른 마이너리티 집단에 비해 전반적인 차별 수준이 높았다. 우리 사회에서 중독집단에 대한 거부감이 다른 마이너리티 집단에 비해 강한 것을 알 수 있었다. 특히 알코올중독자의 경우 남성에 비해 여성의 차별이 더욱 심했는데, 이는 남성들 사이에서 과도한 음주가 사회적으로 종종 용인되는 것과 맥을 같이 한다. AIDS 질환자의 경우도 여성의 거부감이 남성에 비해 다소 높지만, 전반적인 수준은 약물중독자나 알코올중독자에 비해 낮게 나타났다. 남녀의 차이가 가장 뚜렷하게 관찰된 마이너리티 집단은 흡연자 집단으로, 여성의 차별 수준이 남성의 그것을 크게 상회하였다. 남성 집단에서 흡연에 대한 포용 정도가 높은 것을 확인할 수 있었다.

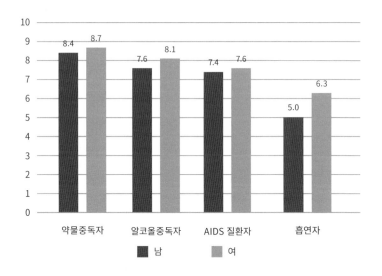

<그림 III-1-4> 남녀별 중독집단 차별

약물중독자 · 알코올중독자 · AIDS 질환자 · 흡연자

남 8.4 / 여 8.7
남 7.6 / 여 8.1
남 7.4 / 여 7.6
남 5.0 / 여 6.3

■ 남    ■ 여

취향집단의 경우, 성별에 따른 차별이 큰 집단이다. 동성애자와 트랜스젠더의 경우 다른 취향집단에 비해 차별 수준이 높았고, 특히 여성에 비해 남성의 차별 수준이 높았다. 여성에 비해 남성의 성적 주체성이 크다는 점을 고려할 때, 남성이 전통적인 의미에서의 성 관념을 벗어나는 집단에 대한 거부감이 더 높은 것으로 이해할 수 있다. 한편 여성 집단에서 게이머와 오타쿠에 대한 차별은 남성보다 더욱 심했다. 이는 여성의 경우 사회성을 중요시하기 때문에 비사회적 대상자에 대한 거부감이 크기 때문인 것으로 볼 수 있다.

취향집단의 경우도 일부 그룹에서 남녀의 차별 정도가 다른 것이 확인되었다. 비만인과 못생긴 여자, 열등생, 취업포기자의 경우 남성의 차별 정도가 다소 높았으며, 단신 남자의 경우 여성의 차별 정도가 더

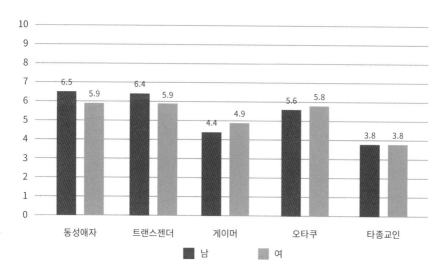

<그림 III-1-5> 남녀별 취향집단 차별

(남: 동성애자 6.5, 트랜스젠더 6.4, 게이머 4.4, 오타쿠 5.6, 타종교인 3.8)
(여: 동성애자 5.9, 트랜스젠더 5.9, 게이머 4.9, 오타쿠 5.8, 타종교인 3.8)

■ 남  ■ 여

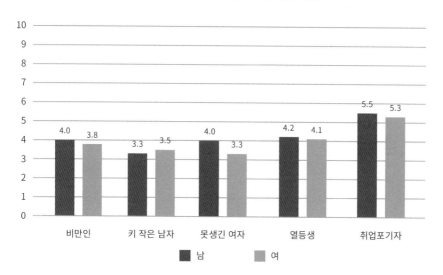

<그림 III-1-6> 남녀별 열등집단 차별

(남: 비만인 4.0, 키 작은 남자 3.3, 못생긴 여자 4.0, 열등생 4.2, 취업포기자 5.5)
(여: 비만인 3.8, 키 작은 남자 3.5, 못생긴 여자 3.3, 열등생 4.1, 취업포기자 5.3)

■ 남  ■ 여

높았다. 이는 자신의 성별을 기준으로 일정한 사회적 기준을 충족하지 못한 외집단에 대한 차별 정도가 더 높은 것을 말한다.

아래의 차별 집단에 대한 순위를 산출한 결과를 보면, 우리 사회에서 타자화되는 집단들을 확인할 수 있다. 전반적으로 여자와 남자의 타자화가 집단별로 크게 달라지지는 않는 것으로 나타났는데 약물중독자와 알코올중독자, AIDS의 경우 여자와 남성 모두에게 차별받는 집단이었다. 다만 흡연자의 경우 남성 응답자에서는 10위의 낮은 순위를 기록했지만 여성에게는 4위로 높은 순위를 기록했는데 이는 흡연자들이 여성들에게 있어 타자화의 정도가 더욱 강하다는 것을 보여준다.

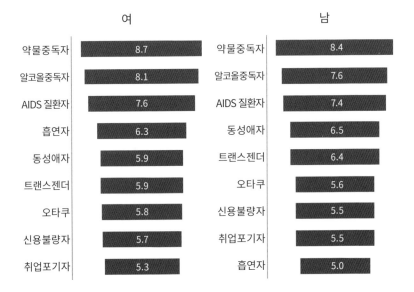

<그림 III-1-7> 여성과 남성의 데블링 대상 순위

## 2. 청년의 적, 노인의 적

마이너리티 집단에 대한 차별은 세대에 따라 달라질 수 있다. 한 사회에서 문화와 규범의 영향은 특정 시기에 한정되고 시간에 따라 변화한다. 가치관의 변화로 인해 전통적으로 중요시되었던 가족의 가치와 성별의 역할분담, 공동체에 대한 헌신에 젊은층들은 더 이상 큰 의미를 부여하지 않는다. 그보다 개인의 행복과 고유한 정체성의 획득이 젊은이들에게는 더욱 중요한 문제이다. 시대에 따른 가치관의 변화는 마이너리티 집단에 대한 차별에도 영향을 미친다고 볼 수 있다. 이에 연령에 따라 마이너리티 집단에 대한 차별을 살펴봄으로써 세대에 따른 가치의 변화와 향후 주요한 차별의 영역을 예측해볼 수 있을 것이다. 특히 본 분석에서는 세대 간 차이를 분석하기 위해 20대와 60대를 젊은층과 노년층을 대표하는 연령 집단으로 보고 두 집단에서의 마이너리티 차별 유형이 어떻게 다른지 비교해 보았다.

전반적인 마이너리티 집단에 대한 차별 수준은 청년보다 노인에게서 더욱 강하게 나타났다. 특히 비혼집단과 취향집단에 대한 세대 차이가 강했고 두 마이너리티 집단에 대한 거부감의 세대 차이가 커, 취향과 결혼 문제에 있어서 세대 간의 인식 차이가 큰 것을 확인할 수 있다.

<그림 III-2-1> 세대별 마이너리티 집단 차별

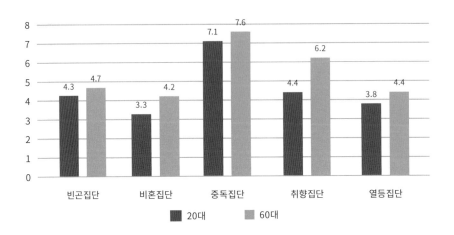

빈곤집단을 세부적으로 보았을 때, 세대 간 차이는 특정 마이너리티 집단에서 더욱 심한 것을 확인할 수 있었다. 빈곤노인이나 탈북자, 신용불량자의 경우 세대 간의 차이는 크지 않았으나 이주노동자와 빈곤노인, 임대주택자와 실직자 집단의 경우 노인의 차별 정도가 높아 세대 간 차별 정도에도 차이가 있었다. 각 마이너리티 집단의 사회적 의미가 다르다는 것을 고려했을 때 각 집단에 세대 차이는 원인에 의한 것으로 보인다.

이주노동자에 대한 노인 집단의 배척이 젊은 집단에 비해 강하다는 결과는 민족적 동질성에 대한 가치 부여가 젊은 세대보다 노인 세대에서 더욱 크기 때문인 것으로 볼 수 있다. 한편 빈곤노인, 임대주택자, 실직자 등의 경제적 빈곤에 기인한 마이너리티 집단에 대해서도 노인

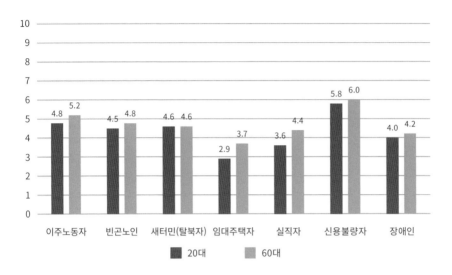

<그림 III-2-2> 세대별 빈곤집단 차별

세대의 차별이 젊은 세대의 그것에 비해 더 강하였는데 이는 고령자 집단에서 경제적으로 결핍된 외집단의 포용 수준이 청년 집단보다 낮기 때문인 것으로 해석할 수 있다.

비혼집단의 차별 역시 전반적으로 젊은 집단에 비해 노인 집단에서 강하게 나타났다. 이는 결혼과 이혼에 대한 노인 세대의 보수적인 관점과 젊은 세대의 개방적 관점이 반영된 것으로 보인다. 비혼자의 경우 젊은 세대의 포용 정도가 다른 마이너리티 집단에 비해 높은 수준을 보였으나 노년층의 비혼자에 대한 배타성은 다른 마이너리티 집단에 비해 크게 낮지 않았다. 최근의 저조한 결혼율에 직접적으로 연관된 세대인 젊은층에서 비혼자는 충분히 받아들일 수 있는 집단임에 반해, 노인층

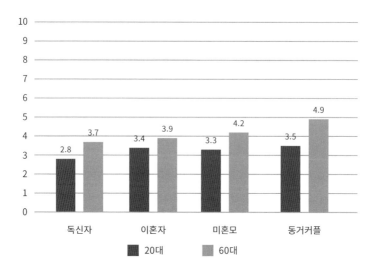

<그림 III-2-3> 세대별 비혼집단 차별

| 집단 | 20대 | 60대 |
|---|---|---|
| 독신자 | 2.8 | 3.7 |
| 이혼자 | 3.4 | 3.9 |
| 미혼모 | 3.3 | 4.2 |
| 동거커플 | 3.5 | 4.9 |

■ 20대  ■ 60대

에서는 받아들이기 힘든 타자로 인식되었다. 또한 비혼집단에 대한 세대별 차별의 다름은 동거커플에서 그 절정을 이룬다. 젊은 집단의 경우 동거커플은 타자화의 대상이 되지 않는 반면, 노인 세대에게 동거커플은 비혼자나 이혼자, 미혼모와는 대비되게 큰 수준에서 배척되는 집단이었다. 노인 세대에게는 결혼을 통해 가정을 이룬다는 전통적 의미에서의 가족의 의미가 큰 반면, 젊은 세대에게 동거는 수용하기에 어렵지 않은 하나의 삶의 방식이기 때문이다.

중독집단의 경우, 약물중독자와 알코올중독자는 세대 간 차별의 정도에 큰 차이 없이 타자화의 대상이 된다. 그러나 AIDS 질환자 집단과 흡연자 집단의 경우 노인 집단의 차별 정도가 더욱 심해 두 집단에 대한

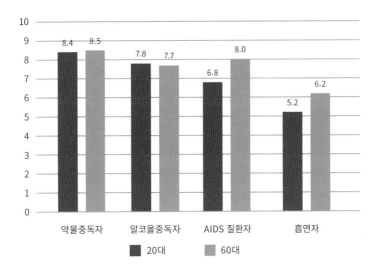

<그림 III-2-4> 세대별 중독집단 차별

거부감에 세대 간 차이가 존재하였다. 특히 젊은 세대는 AIDS 질환자의 경우 하나의 질환으로 인식하고 흡연의 경우 개인의 기호로 치부하는 반면, 노인 세대에서는 이들 집단에 대한 부정적 의미를 부여하여 포용하기 어려운 집단으로 남아 있었다.

취향집단은 다른 집단에 비해 세대 간 차별 정도의 차이가 가장 심한 집단이다. 구체적으로 동성애자와 트랜스젠더 등 성적 소수자에 대한 노인 세대의 차별이 심하였으며, 게이머와 오타쿠 집단에 대한 차별의 차이도 큰 편이었다. 게이머의 경우 최근 들어 사회적으로 인정을 받고 있고, 오타쿠 집단의 경우도 개인적 취향이나 선택의 문제로 인식되고 있는바, 사회의 인식과 가치관 변화는 젊은 집단이 새로운 가치관을 갖게

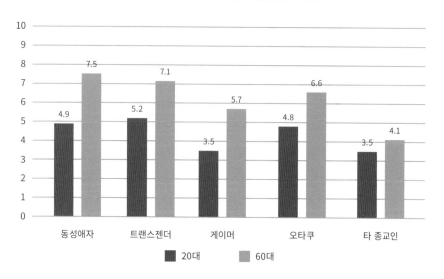

<그림 III-2-5> 세대별 취향집단 차별

■ 20대    ■ 60대

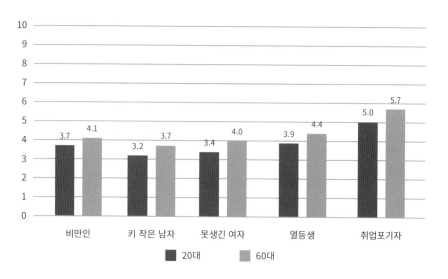

<그림 III-2-6> 세대별 열등집단 차별

■ 20대    ■ 60대

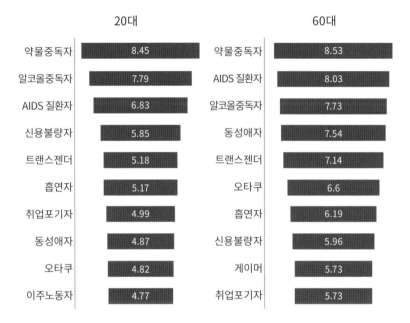

<그림 III-2-7> 젊은이와 노인의 데블링 대상 순위

| 20대 | | 60대 | |
|---|---|---|---|
| 약물중독자 | 8.45 | 약물중독자 | 8.53 |
| 알코올중독자 | 7.79 | AIDS 질환자 | 8.03 |
| AIDS 질환자 | 6.83 | 알코올중독자 | 7.73 |
| 신용불량자 | 5.85 | 동성애자 | 7.54 |
| 트랜스젠더 | 5.18 | 트랜스젠더 | 7.14 |
| 흡연자 | 5.17 | 오타쿠 | 6.6 |
| 취업포기자 | 4.99 | 흡연자 | 6.19 |
| 동성애자 | 4.87 | 신용불량자 | 5.96 |
| 오타쿠 | 4.82 | 게이머 | 5.73 |
| 이주노동자 | 4.77 | 취업포기자 | 5.73 |

됨으로써 일어나는 것으로 볼 수 있다.

열등집단의 경우에도 모든 마이너리티 집단에 대한 노인 세대의 차별이 심하였다. 비만이나 단신 남자, 추녀와 같은 외모상의 열등집단에 대해서도 젊은 세대에 비해 노인 세대의 차별이 심하였고, 열등생과 취업포기자 같은 능력 기준의 열등집단에 대해서도 노인 세대의 차별 정도가 큰 것으로 나타났다.

세대에 따른 데블링 대상의 순위를 10위까지 보면, 20대의 경우 약물중독자와 알코올중독자가 높은 순위를 차지하였고 AIDS 질환자와 신용불량자가 그 뒤를 이었다. 60대 역시 약물중독자의 차별이 가장 심하였고 AIDS 질환자와 알코올중독자가 그 뒤를 이었다. 20대와는 다르게 동성애자의 순위가 높았고, 오타쿠와 흡연자, 신용불량자의 순위도 20대에 비해 높았다. 이러한 결과는 향후에도 약물이나 알코올중독자, AIDS 질환자는 여전히 높은 차별의 대상이지만, 신용불량이나 흡연, 취업의 문제와 관련된 차별이 더욱 심각하게 부상할 수 있음을 뜻한다.

## 3. 기부 천사의 두 얼굴

앞서 젠더와 세대에 따라 데블링하는 대상의 우선순위와 수준이 다름을 보았다. 그렇다면 계층에 따라서도 이러한 차이가 나타날까? 데블링은 특정의 대상이 집단과 공동체의 가치와 이해관계를 훼손할 수 있다는 공포와 불안 상황에서 나타난다는 점에서, 계층에 따라 두려움의 대상과 깊이가 서로 다를 수 있다. 가령 부자는 빈자에 비해 지금까지 이루어온 부가 손상될 수 있다는 점에서 더 높은 불안을 가질 수 있으며, 그에 따라 타자에 대한 차별과 데블링이 더 격렬하게 나타날 수 있다는 것이다.

### 부자일수록 커지는 마음: 기부와 자원봉사

소득수준이 높아지면 사회자본도 늘어나는 동시에 사회 참여가 높아진다. '곳간에서 인심 난다'라는 말과 같이, 개인의 경제적 여력이 있어야 타인을 돌아볼 여유가 생긴다는 것이다. 개인의 주관적 계층감에 따른 기부와 자원봉사 참여 정도를 살펴보면, <그림 III-3-1>과 같이 상층으로 갈수록 높아진다.

사회적 불안과 경기 침체가 지속됨에 따라 월평균 임금 200만 원 이하

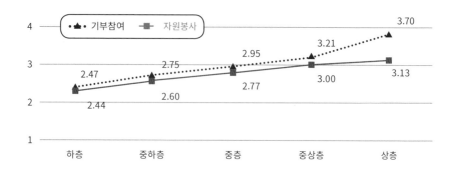

<그림 III-3-1> 계층에 따른 기부 및 자원봉사 참여

* 매우 낮은 참여(=1)에서 매우 높은 참여(=5)의 5점 척도

계층의 기부 참여율은 2013년 기준으로 2006년에 비해 하락하였다. 하지만 월평균 임금 600만 원 이상 계층의 기부 참여율은 2006년 48.7%에서 2013년 57.7%로 다른 소득층에 비해 가장 많이 증가하였다. 전체 기부 중 현금 기부의 참여 횟수는 연 6.5회이고, 평균 기부금액은 20만 5천 원이다(통계청, 2013). 이러한 평균 기부금액은 200만 원 임금을 받는다고 할 때 전체 임금의 약 10분의 1 이상에 해당하는 규모이다. 따라서 실질임금의 상승이 거의 이루어지지 않는 상황에서 저소득층은 기부가 줄어들 수밖에 없다.

기부 참여자들이 기부를 하는 이유도 어려운 사람을 돕고 싶어서

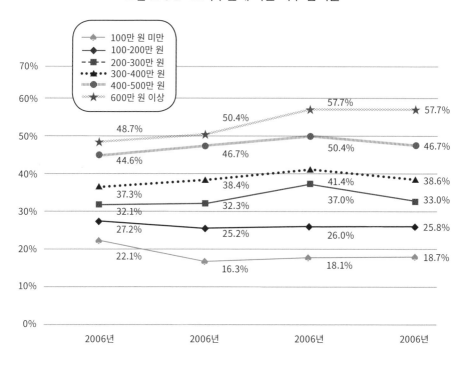

<그림 III-3-2> 소득수준에 따른 기부 참여율

출처: 통계개발원, 국내 나눔실태 2013

(40.6%)가 가장 높았으며, 기부 단체나 직장의 요청에 의해서(26.8%),
개인적 신념(17.8%), 종교적 신념(8.1%), 지역사회나 국가에 기여하고 싶
어서(4.5%)의 순으로 나타났다. 이는 기부 참여가 절세나 홍보와 같은
특정의 목적을 위한 행위가 아니라 타인을 향한 이타심이라는 것을 보
여준다.

## 부자일수록 줄어드는 마음: 타자에 대한 인정

상층으로 갈수록 타인과 공동체를 위한 기부와 자원봉사 참여가 활발함에도 불구하고 마이너리티에 대한 인정 수준은 낮아지는 것으로 나타났다. 다시 말해 어려운 사람들에 대한 이타적 마음은 늘어나지만 특정 대상에 대해서는 동등한 사회의 구성원임을 부인하는 이중적 태도가 상존한다는 것이다. <그림 III-3-3>에서 보듯이 중독집단을 제외하고 빈곤집단, 비혼집단, 열등집단, 취향집단에 대한 인정 수준은 상층으로 갈수록 낮아진다. 특히 오타쿠, 게이머, 동성애자, 트랜스젠더와 같은 취향집단에 대한 인정 수준은 상층으로 갈수록 급격히 낮아지는 경향을 보인다. 이는 상층집단이 하층집단에 비해 자녀교육에 대한 투자가 높음에 따라 게임과 같은 취향이 학력자본 축적에 부정적인 영향을 준다고 인식한다는 것에 기인한다(장예빛 외, 2013). 엘리트의 눈에 '빈둥거리는 사람', '품위 없는 역겨운 취향'은 가장 불쾌감을 주는 대상인 것이다.

이상에서 나타나는 이중적 태도는 흔히 이데올로기적 보수에서 발견된다. 조스트와 그의 동료들(Jost et al., 2003)은 보수와 진보 사이에서 가장 의미 있고 지속적인 차이를 이루는 것이 첫째, 전통과 변화에 대한 태도와 둘째, 불평등에 대한 태도에서 나타나고 있음을 주장했다. 보수주의자는 현상을 유지하는 데 중점을 두고 차등적인 경제적 보상과 불평등을 지지하는 반면, 진보주의자는 불우한 이웃을 돕고 평등성을 지향하는 사회의 변화를 지지한다(McClosky and Zaller,

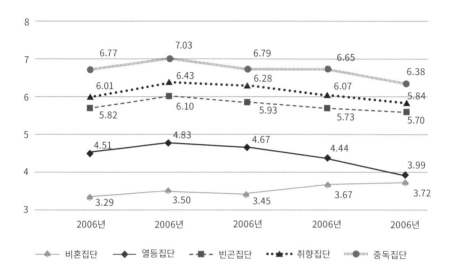

<그림 III-3-3> 계층에 따른 마이너리티 인정 수준

* 불인정(=1)에서 인정(=10)의 10점 척도

1984). 하지만 한국 사회에서 보수는 불우한 이웃을 위한 기부와 봉사가 높게 나타나는데 이는 동등한 자격의 구성원들 간 배려가 아니라 있는 자가 없는 자에게 베푸는 시혜적 의미를 지니며, 현 사회에 대한 불만을 완화하는 역할을 한다. 하지만 마이너리티는 현재의 지배질서를 위협하고 파괴할 수 있는 이질적 존재로, 시혜의 대상이 아닌 통제의 대상이다. 따라서 계층이 높을수록 보수적이라는 일반 경향에 비추어 볼 때, 타자를 위해 기부하고 봉사하는 동시에 타자를 거부하고 차별

하는 상층의 이중적인 태도는 양립이 가능하다고 볼 수 있다.

# 4. 자기 보존을 위한 경계선 긋기

　우리는 종종 폄하된 정체성을 회복하고 존엄을 유지하기 위해 나와 같은 집단에 속한 사람들(내집단)과 그렇지 않은 사람들(외집단)을 구분하고, 외집단에 속하는 사람들의 가치를 폄하한다. 경제가 어려울 때 이주노동자에 대한 부정적 인식이 심해진다던가, 국내 정치세력에 대한 불만이 깊어졌을 때 외국과의 적대감을 높여 내집단의 결속력을 다지는 것이 그 예이다. 사회 구조적 유동성과 불확실성은 개인들에게 생존이나 미래에 대한 불안, 범죄에 대한 두려움으로 등치 되어 나타나며, 이러한 불안은 마이너리티에 대한 타자화를 더욱 강화하는 기제로 작용할 수 있다.

　이 같은 자기 보존의 메커니즘을 살펴보기 위해 사람들이 느끼는 미래에 대한 불안감이나 범죄에 대한 두려움, 건강 상태에 대한 개인의 인식이 마이너리티 집단 차별과 어떻게 관련되어 있는지 살펴보았다. 자료는 2017년 강원대학교 사회통합연구센터가 한국리서치와 공동으로 수집한 설문조사를 바탕으로 하였다.

## 구조 불안으로 증축되는 타자에 대한 불인정

　불안은 모두 개인이 주관적으로 체감하는 것이지만, 그 유형은 크게

<표 III-4-1> 성별, 연령별 개인 불안과 구조 불안 수준(5점 기준)

| 구 분 | | 개인 불안 | 구조 불안 |
|---|---|---|---|
| 성별 | 남 | 3.60 | 3.04 |
| | 여 | 3.74 | 3.33 |
| 연령별 | 10대 | 3.42 | 3.05 |
| | 20대 | 3.67 | 3.01 |
| | 30대 | 3.78 | 3.20 |
| | 40대 | 3.75 | 3.26 |
| | 50대 | 3.68 | 3.23 |
| | 60대 | 3.48 | 3.25 |

개인 불안과 구조 불안으로 구분할 수 있다. 개인 불안은 일자리나 결혼, 주택 마련, 혹은 꾸준한 소득 유지 등과 같은 개인적 차원에서 삶을 영위하기 위해 필수적인 것들이 확보되지 못했을 때 발생하는 것이다. 구조 불안은 그 피해가 사회나 국가와 같은 집단적으로 발생하고 그 대응 역시 집단적이다. 천재지변, 대기오염이나 수질 오염과 같은 환경문제, 범죄, 집단 따돌림 등이 구조 불안에 해당한다.

앞서 코헨의 도덕적 패닉 이론에 따르면, 불안의 상황에서 특정 대상이 집단의 가치와 이해를 위협하는 두려움의 대상으로 지목되고, 이들에 대한 차별과 분리가 이루어진다는 것이다. 다시 말해, 개인들에게 인지되는 불안의 수준이 높아질수록 마이너리티에 불인정과 차별이 심화된다는 것이다. 그렇다면 좀 더 구체적인 불안의 유형, 즉 개인 불안과 구조 불안은 마이너리티 차별과 어떠한 관계가 있는 것일까? 이는 현재 우리 사회에서 점증되고 있는 집단 간 갈등과 혐오의 원인이 어떠한 수준의 불안과 관련되어 있는지를 밝히는 작업이라고 할 수 있다.

우선 개인 불안은 평균 3.67점(5점 기준), 구조 불안은 평균 3.18점으로, 구조 불안보다 개인 불안이 더 높게 나타났다. 성별로는 남성보다 여성이 개인과 구조에 대한 불안 수준이 높았고, 연령별로는 개인 불안은 30대(3.78)가, 구조 불안은 40대(3.26)가 가장 높게 나타났다.

<그림 III-4-1> 개인 불안과 마이너리티 인정 수준

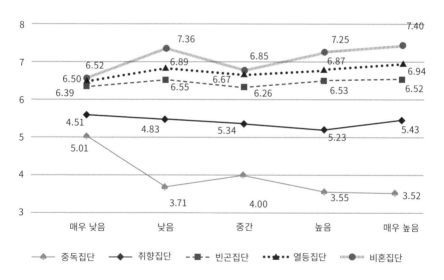

* 개인 불안은 (1) 일자리 (2) 결혼 및 자녀 양육 (3) 식생활/주택/의료 등의 생계비와 채무 (4) 노후의 건강과 생계 문제로 측정

개인 불안과 구조 불안이 각 마이너리티 유형별 인정 수준에 미치는 영향은 통계적으로 유의미한 결과를 보였다. 우선 개인 불안이 증가하면 중독집단에 대한 인정 수준은 낮아지는 반면 빈곤, 비혼, 열등, 취향집단에 대한 인정 수준은 높아지는 것으로 나타났다. 다시 말해 중독집단을 제외하고 개인적으로 느끼는 일자리나 결혼, 노후 등에 대한 불안이 높으면 임대주택 거주자, 새터민, 이주노동자와 같은 빈곤집단, 독신이나 이혼자, 동거커플과 같은 비혼집단, 비만인, 취업포기자와 같은 열등집단, 게이머, 오타쿠, 동성애자와 같은 취향집단에 대한 인정과 관용도가 높아진다.

한편 구조 불안이 높을수록 모든 마이너리티 집단의 인정 수준은 낮아지는 것으로 나타났다. 다시 말해 범죄와 전쟁의 위험, 대기와 수질의 오염, 지진, 해일 등 천재지변, 집단으로부터 고립과 같이 개인적 수준에서 통제할 수 없는 구조에 대한 불안이 타자를 차별하고 배제하는 데 유의미한 영향을 미친다는 것이다. 이러한 결과는 오늘날 사람의 취약성은 유동적이고 불확실성으로 인한 불안에 있다(Sennet, 1998; 바우만, 2009)는 학자들의 통찰과 맥을 같이한다고 볼 수 있다. 따라서 구조적 불안에 더 취약하고 무력감을 느끼는 사람에 의해 마이너리티에 대한 차별은 더욱 강력하고 집요하게 나타날 가능성이 있다.

좀 더 구체적으로 불안의 유형에 따라 마이너리티 차별이 어떻게 달라지는지 보기 위해 불안이 낮은 집단과 높은 집단을 구분하여 살펴보았다.

<그림 III-4-2> 구조 불안과 마이너리티 인정 수준

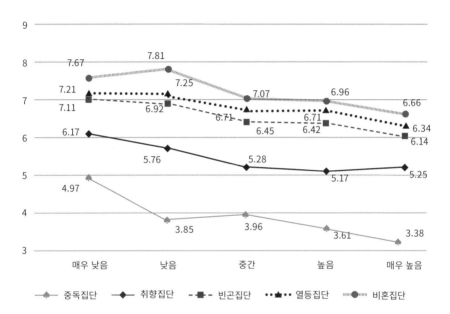

* 구조 불안은 (1) 환경 오염 (2) 범죄/테러/전쟁 위험 (3) 천재지변 (4) 가족 및 동료로
부터 소외 (5) 사회적 고립으로 측정

개인 불안은 마이너리티 유형에 따라 미치는 영향에는 차이가 있는 반
면, 구조 불안은 일관되게 불안이 높은 집단이 낮은 집단보다 마이너
리티 차별이 높은 것으로 나타났다.

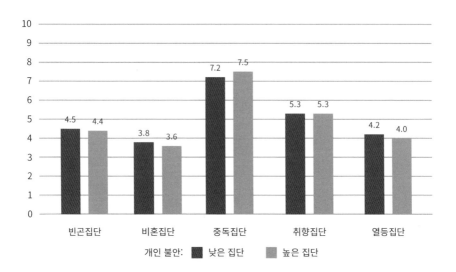

<그림 III-4-3> 불안과 마이너리티 유형별 차별

개인 불안: ■ 낮은 집단 ■ 높은 집단

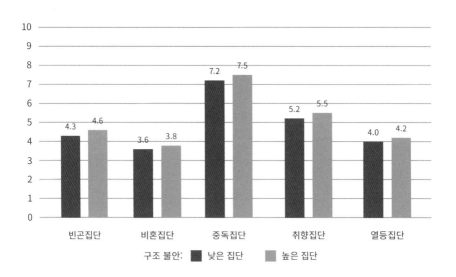

구조 불안: ■ 낮은 집단 ■ 높은 집단

개인 불안과 구조 불안에 따른 마이너리티 차별을 좀 더 구체적으로 살펴보면 다음과 같다.

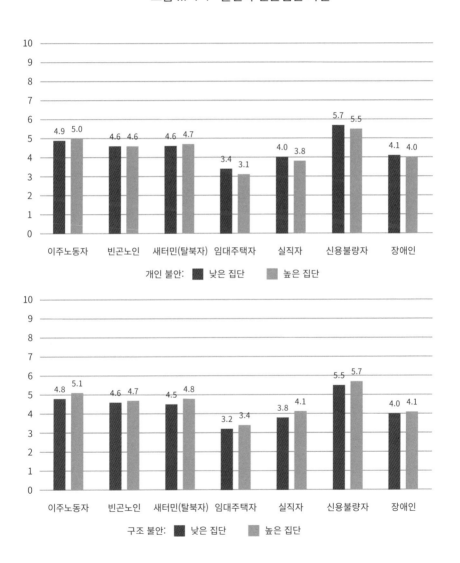

<그림 III-4-4> 불안과 빈곤집단 차별

빈곤집단의 경우, 임대주택자와 실직자, 신용불량자 집단에 대해 개인 불안이 낮은 사람이 높은 사람보다 차별 수준이 높았고, 그 외 이주노동자, 빈곤노인, 장애인에 대해서는 두 집단 간 뚜렷한 차이는 나타나지 않았다. 하지만 구조 불안이 높은 집단은 낮은 집단보다 이주노동자, 빈곤노인, 탈북자, 실직자 집단에 대한 차별이 두드러지게 나타났다.

비혼집단의 경우, 개인 불안이 낮은 집단이 높은 집단보다 비혼집단에 대한 차별이 높았으며, 반대로 구조 불안이 높은 집단이 낮은 집단보다 이들에 대한 차별 수준이 높은 것으로 확인되었다.

중독집단의 경우는 다른 마이너리티 유형의 차별과 달리, 개인 불안과 구조 불안이 높은 집단이 낮은 집단보다 차별이 강하게 나타났다. 특히 AIDS 질환자와 흡연자에 대한 차별은 구조 불안이 높을수록 더 두드러지게 나타나는 것으로 확인되었다.

취향집단의 경우, 동성애자와 트랜스젠더는 개인 불안이나 구조 불안에 따른 차별은 크게 차이가 없었으나, 개인 불안이 높은 집단이 낮은 집단보다 오타쿠에 대한 차별이 다소 크게 나타났다. 구조 불안은 개인 불안과 달리 뚜렷한 취향집단에 대한 차별 경향이 관측되었는데, 구조 불안을 높게 느낄수록 취향집단 모두에 대한 차별이 높게 나타났다.

열등집단의 경우, 불안 유형에 따라 차별의 경향은 다르게 나타났다.

## &lt;그림 III-4-5&gt; 불안과 비혼집단 차별

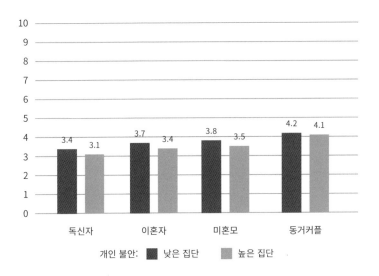

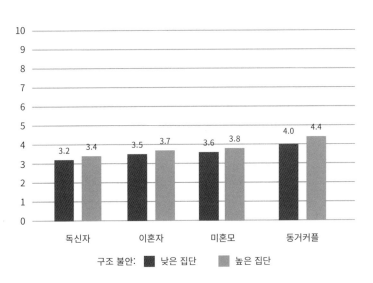

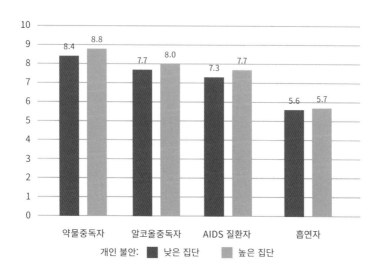

## <그림 III-4-6> 불안과 중독집단 차별

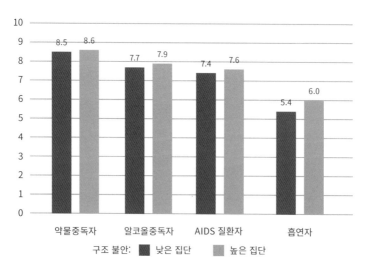

<그림 III-4-8> 불안과 열등집단 차별

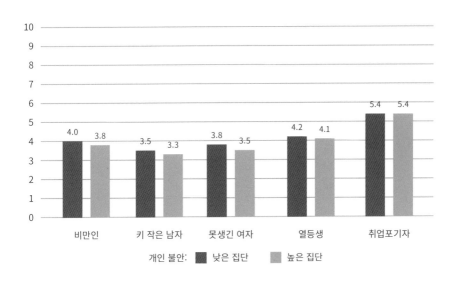

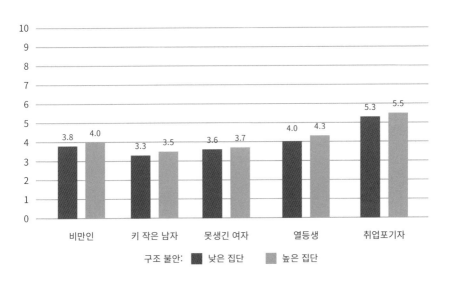

개인 불안이 낮은 집단이 높은 집단보다 비만이거나 키 작은 남자, 못생긴 여자에 대한 차별 수준이 높게 나타났으며, 구조 불안은 일관되게 불안이 높은 집단이 더 차별 수준이 높은 것으로 확인되었다.

## 범죄에 대한 두려움과 타자에 대한 불인정

범죄에 대한 두려움은 구체적인 대상이 아닌 사회적 변화에 대한 불안의 반영이다(Holloway and Jefferson, 2000; Gray et al., 2008). 범죄에 대한 두려움은 특정 범죄 피해에 대한 우려인 '구체적인 두려움'과 막연한 피해에 대한 우려인 '추상적 두려움'으로 구분된다. 또 추상적 두려움은 내가 피해를 당할 것을 걱정하는 '개인적 두려움'과 내가 아닌 배우자, 자녀, 친척이 피해를 당할 것을 걱정하는 '대리 두려움'으로 세분화된다. 범죄에 대한 두려움은 특정의 대상이 아닌 추상적인 수준에서 이루어지는 경우가 많기 때문에 자기 삶의 안정을 위협한다고 간주되는 대상을 적으로 간주하고 이들을 없애버림으로써 자기 삶의 통제감을 확보하고자 한다. 따라서 범죄에 대한 두려움은 곧 표준, 정상의 범주에서 벗어난다고 여겨지는 마이너리티에 대한 차별로 이어질 가능성이 크다고 할 수 있다.

이에 범죄의 두려움과 마이너리티 차별과의 관계를 알아보기 위해 구체적 두려움을 절도, 폭행, 사기, 성폭행, 기물 파손, 몰래카메라, 온라인 사기, 개인정보 도용과 같은 구체적인 피해에 대한 두려움의 정도로 측정하고, 추상적 두려움을 나 자신이 범죄 피해를 당할까 봐 두려운지에

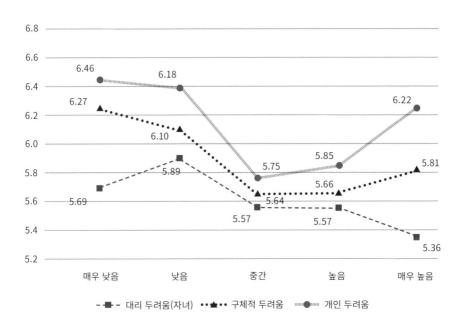

대한 개인적 두려움과 나의 배우자(애인)나 자녀가 범죄 피해를 당할까 봐 두려운지에 대한 대리 두려움을 측정하였다.

범죄에 대한 구체적 두려움은 남성(2.73점)에 비해 여성(3.05점)이 다소 높게 나타났으며, 추상적 두려움은 남성이 2.60점, 여성이 3.26점으로 구체적 두려움보다 남녀 간 차이가 더 크게 나타나고 있었다. 각 두려움의 유형과 마이너리티 인정 수준과의 관계는 구체적 두려움과 개인 두려움, 그리고 대리 두려움 중 자녀의 범죄 피해 두려움이 마이너리티에 대한 인정 수준과 유의미한 관련성이 있는 것으로 나타났다. 그러나

## <그림 III-4-10> 범죄 두려움과 마이너리티 유형별 차별

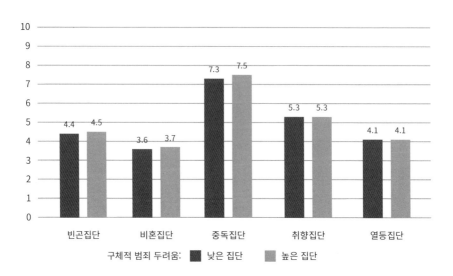

구체적 범죄 두려움: ▮ 낮은 집단   ▮ 높은 집단

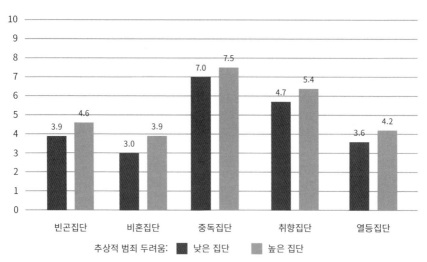

추상적 범죄 두려움: ▮ 낮은 집단   ▮ 높은 집단

배우자(애인)의 범죄 피해 두려움은 마이너리티 인정 수준과 관련성이 나타나지 않았다.

전반적으로 범죄 피해에 대한 구체적인 두려움이 높아질수록 마이너리티 집단에 대한 인정 수준은 낮아지는 경향이 있으며, 개인 두려움 역시 마찬가지이다. 하지만 대리 두려움(자녀)은 구체적 두려움과 개인 두려움과 달리 통계적으로는 대리 두려움이 높아질수록 마이너리티 집단에 대한 인정 수준은 높아지는 것으로 나타났다.

좀 더 구체적으로 범죄에 대한 두려움이 낮은 집단과 높은 집단으로 구분하여 마이너리티 차별의 여부를 확인하였다. 그 결과 구체적 두려움과 추상적 두려움이 높은 집단이 낮은 집단보다 각 마이너리티 유형에 대한 차별 수준이 높은 것으로 확인되었다. 그러나 마이너리티 차별 수준의 차이는 구체적 범죄보다는 추상적 두려움에서 더욱 뚜렷이 관찰되었다.

한국 사회에서 차별 수준이 높은 중독집단과 취향집단을 좀 더 자세히 살펴보면 아래와 같다.

중독집단의 경우 구체적 두려움이 높은 집단이 낮은 집단에 비해 차별이 높으며, 특히 흡연자에 대한 차별은 차이의 정도가 크게 나타났다. 추상적 두려움이 높은 집단은 낮은 집단에 대해 차별이 더 높은데, 그중 흡연자와 AIDS 질환자에 대한 두 집단 간 차이가 두드러지게 나타났다.

<그림 III-4-11> 범죄 두려움과 중독집단 차별

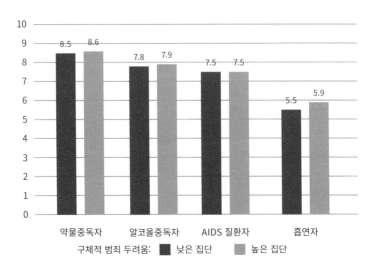

구체적 범죄 두려움: ■ 낮은 집단  ■ 높은 집단

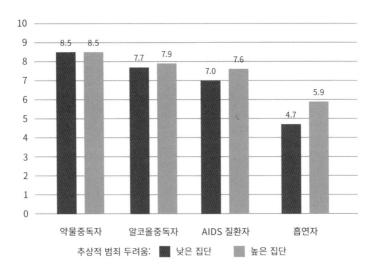

추상적 범죄 두려움: ■ 낮은 집단  ■ 높은 집단

취향집단의 경우, 다른 마이너리티 집단에 대한 차별과 달리 구체적

두려움이 낮은 집단이 높은 집단보다 동성애자와 트랜스젠더에 대한

<그림 III-4-12> 범죄 두려움과 취향집단 차별

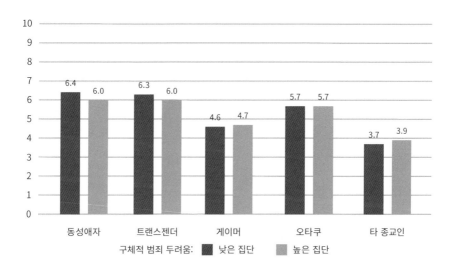

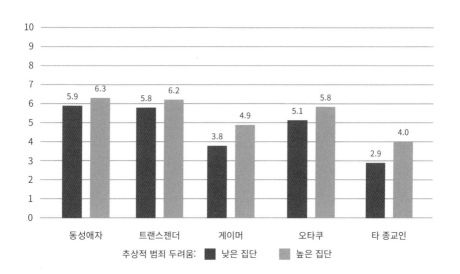

차별이 더 강하게 나타난 반면, 게이머와 타 종교인에 대한 차별은 더 약하게 나타났다. 그러나 추상적 두려움에서는 높은 집단이 낮은 집단에 비해 취향집단에 대한 차별이 강한 것으로 나타났으며, 이 같은 차이는 게이머, 오타쿠, 타 종교인에 대해 더 확연하게 나타났다.

 이상의 불안과 범죄 두려움이 마이너리티 인정 수준에 미치는 영향을 종합해 보면, 불안과 두려움은 마이너리티에 대한 불인정, 즉 차별의 주요 요인인 것은 명확하다. 그러나 좀 더 구체적으로 불안과 범죄 두려움을 나누어 보았을 때, 아래 <그림 III-4-13>과 같은 차이가 있다.
 불안을 개인 불안과 구조 불안으로 구분하였을 때, 구조 불안이 마이너리티 인정 수준에 부정적 영향을 미치는 반면, 개인 불안은 중독집단에 대한 인정 수준에만 부정적 영향을 미친다. 다시 말해 개인의 일자리나 결혼, 생계에 대한 불안이 아니라 범죄나 전쟁의 위험이나 환경오염,

<그림 III-4-13> 불안 및 범죄 두려움과 마이너리티 인정 수준과의 관계

| 구 분 | | 빈곤집단 | 비혼집단 | 중독집단 | 열등집단 | 취향집단 |
|---|---|---|---|---|---|---|
| 불안 | 개인 불안 | (+) | (+) | (-) | (+) | (+) |
| | 구조 불안 | (-) | (-) | (-) | (-) | (-) |
| 범죄 두려움 | 구체적 두려움 | (-) | (-) | (-) | (-) | |
| | 본인 두려움 | (-) | (-) | (-) | (-) | (-) |
| | 배우자(애인) 두려움 | | | | | |
| | 자녀 두려움 | (+) | (+) | (+) | (+) | (+) |

* 빈칸은 통계적으로 유의미한 관계가 없음을 의미함

사회로부터 고립과 같이 개인이 통제할 수 없는 구조적 수준의 불안이 마이너리티에 대한 차별을 강화한다는 것이다.

한편 범죄에 대한 구체적 두려움과 추상적 두려움은 모두 마이너리티 인정 수준에 부정적 영향을 미친다. 앞서 구체적 두려움보다는 추상적 두려움이 마이너리티 차별에 더 큰 영향을 미치고 있음을 보았다. 그런데 추상적 두려움을 본인 두려움과 대리 두려움으로 구분하였을 때, 본인의 범죄 피해 두려움이 높을 때 마이너리티에 대한 차별이 더 강하게 나타난다는 것이다. 이는 기존의 연구에서 자신뿐만 아니라 가족이나 친척, 이웃과 같은 사람들이 범죄의 피해를 받을 수 있다는 걱정으로 인해 추상적 범죄의 두려움이 증폭되어 간다는 사실과 다르게, 추상적 두려움 역시 자기의 안위와 관련되어 발생하며 이를 위협할 수 있는 마이너리티를 잠재적 범죄자로 간주하고 차별에 이르게 된다고 할 수 있다.

요컨대, 자신과 다른 이질적 대상과 경계선을 그어 마이너리티로 규정하고 차별을 실천하는 것은 불안과 두려움으로 인한 자기 보존의 방식이다. 따라서 불안정성으로 인한 개인의 취약성이 증가하면 불안과 두려움의 수준이 높아지고, 이는 곧 마이너리티에 대한 차별로 이어지는 악순환이 반복된다. 그리고 개인의 취약성에 대한 인식은 구체적인 것이 아니라 사회구조에 대한 막연한 불안과 본인이 범죄의 피해자가 될 수 있다는 추상적인 두려움에서 비롯된다고 볼 수 있다.

# 5. 고립된 자들의 파괴 효과

## 사회자본과 타자에 대한 불인정

　사회적 존재로서의 인간은 타인과의 다양한 관계 속에서 삶을 영위한다. 생애 전체의 기간 동안 이루어진 주위 사람들과의 상호작용은 생활에 필요한 정보를 얻거나 지식을 습득하고, 그들로부터 때때로 물질적, 심리적 도움을 얻을 수 있으므로 유용하다. 타인과의 관계 맺음 속에서 발생하는 유용성은 인간관계의 형성과 그로 인해 얻을 수 있는 잠재적 이득이고 하나의 자본(capital)이라 할 수 있다. 이와 같이 사람들과의 관계는 잠재적 이득의 실현을 내포하기 때문에 사회자본(social capital)으로 정의된다.

　사회자본은 사회적 연결망(social network) 혹은 사회적 자원(social resource) 등의 다양한 개념으로 표현된다(Lin, 2000; Coleman, 1988; Bourdieu, 1986). 다양한 표현의 사회자본은 대체로 개인이 사회적 관계를 통하여 얻을 수 있는 자원 및 자산 혹은 혜택을 의미한다(Lin, 1999, 2001; Putnam, 2004). 또한, 사회자본은 개인의 사회적 관계를 통해 얻을 수 있는 실질적 혹은 잠재적으로 얻게 되는 이익, 기회, 자원의 총합이나 사회적 관계의 구성원이 됨으로써 얻을 수 있는 효능으로 정의하기도 한다(Bourdieu, 1986; Portes, 1998).

사회자본은 연결형 유형(bridging)과 결속형 유형(bonding)으로 구분할 수 있다(Putnam, 1993). 연결형 유형은 사회적 배경과 인구사회학적 특성 등 다른 특성을 지닌 사람들과의 네트워크 관계로 정의된다. 연결형 유형은 네트워크의 질과는 상관없이 빈도가 많은 관계를 뜻하기 때문에 그 관계의 유형이 일시적인 경우도 있다. 연결형 유형의 사회자본은 직업이나 사회적인 위치, 활동 영역이 다른 사람들과의 네트워크를 의미하는데 이 같은 이질적 인간관계는 일상적으로 접하지 않는 새로운 정보나 관점을 제시할 가능성이 높다. 그라노베터(Granovetter, 1973)는 이 같은 유형의 사회자본을 '약한 유대관계'로 개념화하고, 강한 유대관계에서는 얻을 수 없는 약한 유대관계의 정보적 가치를 강조하였다. 이에 반해 결속형 사회자본은 가족이나 친구들과 함께 누리는 정서적인 밀접함에 근거해서 형성되는 개인의 강력하고 긴밀한 유대관계이다. 하지만, 질적으로 상당히 밀접하고 강한 교류를 기반으로 하는 결속적 유형은 이러한 특성으로 인해 때때로 외부에 대해서는 배타적인 모습을 보이기도 한다. 요약하면 결속형 자본은 전통적인 의미에서의 사회적 유대로, 어려운 부탁을 할 수 있는 가까운 지인 등을 의미한다. 한편 연결형 자본(bridging social capital)은 가깝지 않은 인간관계가 새로운 삶의 기회를 제공함을 의미한다.

패닉 사회를 살고 있는 오늘날 우리는 어떤 인간관계를 유지하고 있는가? 사회자본을 소유하고 인간관계의 풍요로움을 향유하는 이들은 다른 이들에 대해서 포용적일까? 사회자본의 풍부함은 과연 타인을 돌아볼 여유를 가져다줄까? 사회자본이 높은 집단은 그렇지 못한 집단에 비해 타자에 대해 관용적일까, 아니면 배타적일까? 이에 개인의 사회자본 형태(결속형/연결형)에 따라 마이너리티 차별 수준을 비교하면 다음과 같다(<그림 III-5-1>).

다섯 가지 종류의 차별에 대한 태도에 대해서 결속형 자본의 효과는 대체적으로 결속형 자본의 정도가 높을수록 차별의 수준이 가장 낮음을 확인할 수 있다. 반면에, 질적으로 밀접하고 강한 교류를 바탕으로 하는 결속형 자본의 부재는 상대적인 차별의 증가로 나타남을 확인할 수 있다.

연결형 자본과 차별 태도와의 관계 역시 비슷한 경향을 보인다고 할 수 있지만, 연결형 자본과 차별의 태도에서는 연결형 자본이 아주 높은

<그림 III-5-1> 차별에 대한 개인의 자본 효과

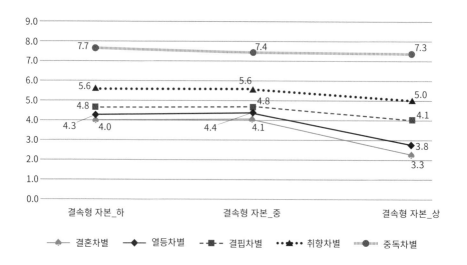

집단에 비해서 중간이나 낮은 집단의 차별이 상대적으로 높음을 확인할 수 있다. 보다 특이한 점은 중간 정도의 연결형 자본의 소유자들이 아주 낮은 이들보다 차별 태도가 높음을 나타내고 있다는 점이다. 연결형 자본(bridging social capital)이 가깝지 않은 인간관계가 새로운 삶의 기회를 제공함을 의미한다는 점을 고려하면, 이러한 중간층의 차별이 더 높은 이유가 설명이 된다고 할 수 있다. 즉, 새로운 삶의 기회가 줄어들 수 있다는 불안감이 차별의 증가로 이어질 수 있다는 점이다.

타인과의 관계 맺음 속에서 발생하는 잠재적 이득과 하나의 자본으로 표현되는 사회자본(social capital)의 증가는 포용성과 관용성의 증가로

<그림 III-5-2> 차별에 대한 연결형 자본의 효과

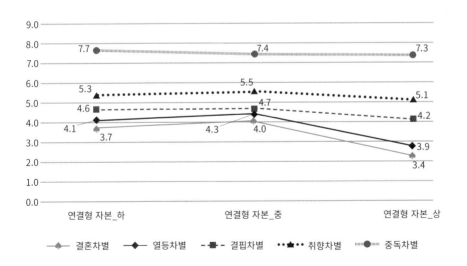

이어질 수 있다. 하지만, 이러한 사회적 자본의 결여는 사회적 포용성을 잃게 만들고 차별의 증가로 이어질 수 있다. 즉, 사회적 자본의 결여, 즉 사회적 고립은 사회적 파괴 효과, 즉 사회적 차별의 증가로 이어질 수도 있다.

## 집합효능감과 타자에 대한 불인정

현대사회를 살아가는 많은 사람들은 자신의 이웃과 제한적으로 상호 작용을 하기 때문에 지역사회 내에서 사회자본이 축적될 가능성이 매우 적지만, 여전히 타인과의 관계 속에서 복잡한 사회를 구성하며 살아 간다. 이러한 상황에서 사회적 연결의 효용을 단순한 자본 개념으로 이해하는 것에는 한계가 있다. 그렇다면 사회자본이 형성될 가능성이 낮은 현대의 사회적 관계의 효용을 나타내는 개념은 무엇일까?

이러한 물음에 대해서 몇몇 학자들은 '집합효능감(collective efficacy, 혹은 집합효율성)'이라는 개념을 제시하였다(Sampson et al., 1997; Sampson et al., 1999). 여기에서 집합효능감이라 함은 문제 해결과 같은 자아효능감(self-efficacy)처럼 공공의 질서유지 혹은 지역 내의 문제 해결을 위한 집단 수준의 효능감이라고 할 수 있다.

집단 수준의 효능감에 대한 중요성은 사회구조적 여건에 의해 파생되는 지역사회 통제 역량의 붕괴가 사회불안과 공황의 근원이 된다는 데 있다. 집합효율성은 사회구성원의 불평등으로 야기된 지역 사회의 해체를 매개한다는 점에서(Sampson and Wilson, 1995) 사회관계의 단절을 보여주는 중요한 지표가 된다. 집합효능감은 지역 구성원 간의 상호 신뢰를 바탕으로 문제를 스스로 자각하고 자발적으로 해결하고자 하는 집단적 역량으로, 구성원의 사회자본을 지역의 사회통제와 자발적 운영의 차원으로 발전시킬 수 있는 집단적 역량을 의미한다. 즉, 집합효능감은 지역에서 발생하는 문제에 대해서 주민들 스스로 해결할 수 있는 능력을 보여주는 지표이다. 집합효능감은 자신들이 사는 지역에서 벌어지는 비공식적 통제에 대한 상호 기대감과 지역의 거주민들 간에 존재하는 상호 신뢰와 부조를 바탕으로 하는 일종의 지역적 응집력이라고 할 수 있다(Sampson et al., 1997). 이러한 측면에서 집합효능감은 사회해체와 반대쌍이 되는 개념이라고 할 수 있다(Taylor, 2001). 집합효율성은 지역 사회 구성원 상호 간의 신뢰, 지역 청소년(아이)들의 생활에 개입하려는 의지, 그리고 공공질서의 유지 노력 등으로 구성된다(Cancino, 2005; Gibson et al., 2002).

집합효능감의 한 축으로 사회 구성원 상호 간의 신뢰를 바탕으로 지역의 문제에 개입하려는 의지로 표현되는 사회적 개입과 차별 태도의 관계를 살펴보면 다음과 같다. 우선 두 가지의 경향을 확인할 수 있는데, 중독과 결핍에 대한 차별에서 사회적 개입의 정도는 이러한 차별에 대한 상대적 감소로 나타난다고 할 수 있다. 즉, 사회적 개입의 의지가 높을수록 결핍이나 중독에 대한 차별은 상대적으로 낮다고 할 수 있다. 하지만, 결혼이나, 취향, 그리고 열등함에 대한 차별에 대해서는 흥미로운 경향을 보여준다. 이러한 차별에 대해서 상대적으로 사회적 개입의 의지가 아주 낮은 이들보다는 높거나 혹은 중간에 위치한 이들의 차별이 가장 높았다. 이러한 결과는 상대적으로 여유롭고 또 기부와 자원봉사가 활발함에도 불구하고 다른 이들에 대한 인정이 낮은 것과 맥락을 같이 한다고 볼 수 있다.

집합효능감의 또 다른 축으로 사회 구성원의 자발적 공공질서 유지 노력 등으로 표현되는 비공식적 통제와 공공선에 대한 자발적 참여와 차별 태도의 관계를 살펴보면 다음과 같다. 취향에 대한 차별을 제외하곤 대다수의 차별에 대해서 공공선에 대한 자발적 참여의 수준과 차별의 수준은 부적이라 할 수 있다. 공공선에 대한 자발적 참여와 공공질서에 대한 유지 노력이 높을수록 다른 이들에 대한 차별의 수준은 훨씬 낮음을 확인할 수 있다. 즉, 사회의 공공선에 관심을 갖고 자발적으로 참여하고 노력하려는 사람들일수록 다른 이들의 결핍이나 열등함 혹은 다른 차별에 대해서 보다 관용적일 수 있으며 포용적이라는 점을 확인해준다고 할 수 있다.

## <그림 III-5-3> 차별에 대한 사회적 개입 의지 효과

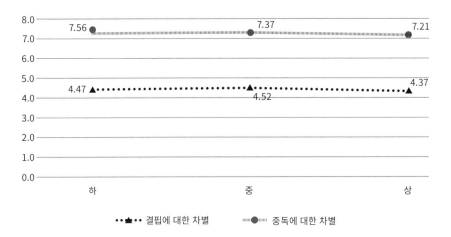

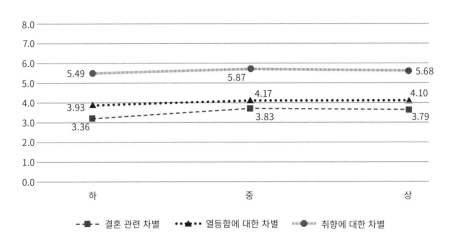

## &lt;그림 III-5-4&gt; 차별에 대한 공공선에 대한 자발적 참여 효과

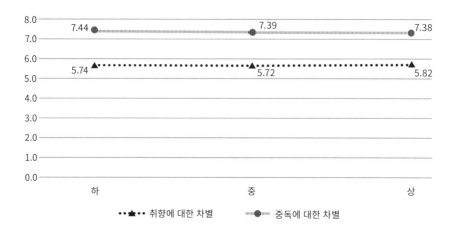

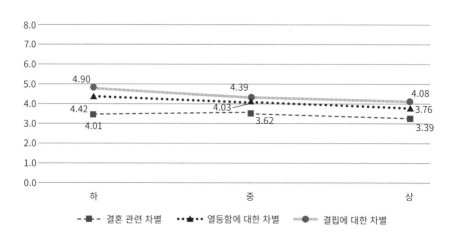

# 6. 진정한 연대감을 동반하지 않는 서열의식

　지금까지 우리는 불안과 두려움의 상황에서 성별, 외모, 인종, 생활양식, 취향 등의 차이를 중심으로 집단의 비구성원에 대한 경계선 긋기가 이루어지고 있음을 보았다. 그런데 이 같은 경계는 특정 대상만을 구분 짓는 것이 아니라 점차 일상적 영역에서도 갑과 을, 우등과 열등, 위너와 루저, 인싸(insider)와 아싸(outsider) 등으로 묘사되는 편 가르기 방식의 경계가 생성되고 작동한다. 과거 경계는 객관적인 물질적 차이를 기준으로 한 계급적 경계가 주축이었다. 하지만 최근의 경계는 비가시적이고 주관적이고 미시적인 차이를 중심으로 이루어진다.(Lamont and Molnar, 2002). 상징적 경계는 단지 사람들의 마음속에 존재하는 상상적 가공물임에도 불구하고 다수의 사람들이 분명한 경계로 인식하게 되면 실질적인 차별로 나타날 수 있다는 데 위험성이 있다. 다시 말해 상징적 경계는 사회적 기회나 희소자원의 배분에서 공정하지 못한 사회적 경계로 자리 잡게 되는 것이다(석승혜·장안식, 2016). 가령, 남성과 여성의 차이는 우등과 열등으로 가치 매김 되고, 이는 임금 격차나 사회적 지위로의 접근 기회 차등으로 정착되는 것이다. 이는 단지 남성과 여성뿐만 아니라 온갖 영역에서 차이를 서열화하고 서로 다른 가치를 부여하는 악성 서열주의의 문화로 자리 잡아가는 경향이 있다. 이에 본 장은 상징적 경계가 사회적 차별로 연결되고, 또 이것이 우리 사회의 문화 현상으로 고착화되어 가고 있음을 살펴보도록 하겠다.

## 인간 가치의 서열화

한국 사회에서 서열의식은 모든 곳에 스며들어 있다. 대학, 직업, 직장, 동네 등 모든 것은 서열로 수렴된다. 심리학에서 많이 사용되는 용어인 자기 가치감이 내가 얼마나 가치 있는 사람인가에 대한 인식이라면, 사회적 가치감은 사회 속에서 사람들이 얼마나 중요한 역할을 수행하는가에 대한 인식이다. 사람들의 사회적 가치에 대한 평가는 현실에서 사회적 지위에 대한 서열로 나타난다. 예컨대, 한국에서 학생들의 직업에 대한 선호는 판검사, 변호사, 의사, 회계사가 상위를 차지하며, 이 같은 직업 평판은 이들의 높은 사회적 지위로 연결된다. 현재 한국 사회에서 사람들의 가치는 직업뿐만 아니라 젠더, 연령, 인종, 직장, 고용 형태 등에 따라 차별적으로 나타나며, 이 같은 가치 인식은 사회적으로 높은 위치나 낮은 위치로 투영되어 나타난다고 볼 수 있다. 물론 이상적인 사회는 성별이나 인종, 직업의 차이에도 불구하고 모든 사람들은 동등한 사회의 구성원으로 인식되는 것이다. 그러나 서열사회에서는 노동자보다 경영자가 더 우월하고, 중소기업에 비해 대기업에 다니는 노동자가 더 중요하다는 인식은 전자에 비해 후자가 사회적으로 높게 가치 매김 되는 것이 당연시되어간다. 그리고 이 같은 사회적 가치에 대한 간극이 클수록 서열에 대한 인식이 높다고 볼 수 있다.

서열의식은 남성과 여성, 경영자와 노동자, 대기업과 중소기업, 정규직과 비정규직 등에 대한 좋고 나쁨에 대한 기준을 가지고, 부지불식간에 이들에 대한 사회적 가치를 차등적으로 매기는 것이다. 그리고 차등이 가치에 따라 교환관계에서 공정성을 계산하고 요구하게 된다. 다시 말해 사람들은 자신의 노력에 합당한 보상을 받는 것을 공정하다고 생각하지만, 공정성은 다른 사람들과 비교에 의해 상대적으로 결정된다(박효민·김석호, 2015). 사회적 관계에서 상대방보다 우월하다고 느낄 때, 동일한 노력에 대해 더 많은 자원과 기회를 얻는 것이 공정하다고 느끼는 것이다. 항상 사회적 관계는 능력, 재산, 지위, 인종, 젠더 등이 차등적으로 배분되어 있으며, 차등적 관계에서 발생하는 권리를 절대 포기하지 않는다(롤스, 정의론). 이와 같이 서열은 물적 자원과 사회적 인정의 분배 문제와 밀접히 관련되어 있기 때문에 모두가 좀 더 높은 서열로 이동하기 위해 치열한 사투를 벌이게 된다.

한국 사회에 존재하는 서열의식을 "당신이 생각하시기에 아랫사람들의 가치에 따라 적합한 사회적 위치가 어디쯤이라고 평가하십니까?"라는 질문을 통해 알아보았다. 그리고 응답자는 남성-여성, 경영자-노동자, 대기업 노동자-중소기업 노동자, 정규직 노동자-비정규직 노동자, 청년-노인, 노동자-외국인 노동자의 항목에 대해 1점(매우 낮은 위치)부터 10점(매우 높은 위치)까지 척도에서 이들의 사회적 가치를 평가하도록 하였다. 사람들의 사회적 가치에 대한 평가 점수를 비교한 결과, 사회적으로 가장 높은 위치는 경영자(7.84)였으며, 그다음으로 남성(6.55)과 대기업 노동자(6.55)가 높게 나타났다. 그에 반해 외국인 노동자는 3.97점으로 경영자에 비해 현격히 낮은 사회적 위치를 가지는 것으로 나타났고,

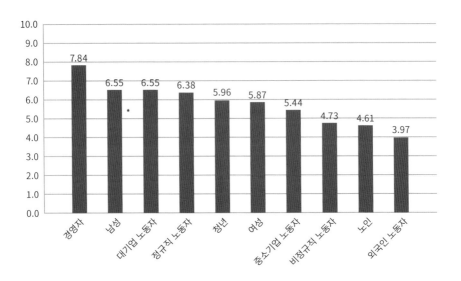

<그림 III-6-1> 다음 사람에게 적합한 사회적 가치는 얼마? (10점 만점)

노인(4.61), 비정규직 노동자(4.63)가 그다음의 순이었다.

사회적 위치에 대한 평가는 대립되는 쌍의 상대적 위치라는 점에서 <그림 III-6-2>는 현재 우리 사회의 격차에 대한 인식을 일목요연하게 잘 보여준다. 과거 사회적 위치에 대한 차별의 영역이었던 남성과 여성에서 양자 간의 격차는 0.69점으로 연령이나 노동과 관련된 격차에 비해 가장 낮은 편이다. 그러나 경영자와 노동자 사이의 격차는 3.07점으로 가장 높았으며, 경영자와 외국인 노동자와의 격차는 무려 3.87점인 것으로 나타났다. 그다음은 정규직과 비정규직 간의 격차가 1.66점, 청년과 노인 간의 격차가 1.35점인 것으로 확인되었다. 이는 경영자의 사회적 가치가 거의 8점에 가깝지만 외국인 노동자의 가치는 약 4점으로 거의 절반 수준밖에 못 미친다고 인식했다.

인간 가치의 차이에 대한 인식은 한국 사회의 서열문화로 광범위하게 퍼져나가고 있으며, 불평등이 고착화됨에 따라 서열의 높낮이는 단순한 지위가 아닌 신분으로 정착되어가고 있다. 신(新)신분제 사회라고 일컬어지는 이 같은 현상은 현재의 지위로부터 추락하지 않으려는 불안의 심리와 사회적 관계로부터 발생하는 무시와 모멸로부터 추동되는 인정 욕구가 서로 중첩되며 구현된 현상이다. 그럼에도 불구하고 다른 사회와

<그림 III-6-2> 사회적 지위 및 역할에 따른 가치 서열 격차

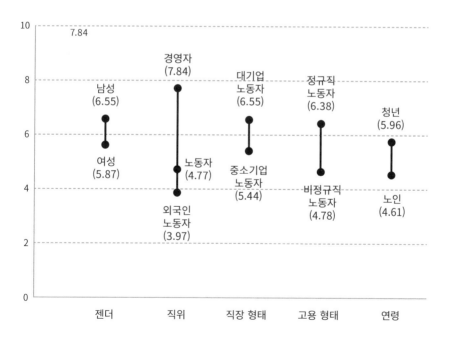

달리 한국만이 독특한 서열문화를 형성하는 것은 분배와 인정이라는 인간의 보편적 욕구보다는 한국 사회의 제도적 특성이나 문화성향과 같은 좀 더 구체적인 특성으로부터 찾을 수 있다. 아래 사례는 이 같은 한국인의 서열의식을 가속화하는 문화 및 도덕적 요소에 대한 분석이다.

## (사례 1) 경쟁적 개인주의로 가속화되는 서열 의식

서열의식은 모든 사회에 존재하고 있지만, 문화권에 따라 그 경중에 큰 차이가 있다. 서구에서 '나(I)'는 개인의 마음속에 존재하는 실제로서, 나는 누구인가라는 질문을 통해 자신을 발견하고 반성하며 발전시키는 것이 중요한 발달 과제로 삼아왔다. 그에 반해, 한국에서 나는 구체적인 사물과 같은 실체성이 약하며, '나의 마음'과 같이 의도성을 함유하는 의식의 상태로 혼용되어 사용된다(한민 외, 2013). 이 같은 고맥락적이고 관계적인 문화에서는 '남과 다른 나'를 구축하는 것보다 '남보다 나은 나'를 구축하는 것이 중요하다(최상진·김기범, 1999). 그리고 자기를 사회적 이상이나 종교적 교리의 수준으로 끌어올리고 수양하는 것을 사회적 가치로 수용하고 이를 구성원들에게 권장하는 경향이 있다.

서구와 동양 사회의 가장 큰 차이는 개인주의와 집단주의로 구분하지만, 좀 더 엄밀히 개인과 집단의 축에 수직-수평의 축이 덧붙여져 4개 문화성향의 구분이 널리 사용된다(Triandis and Gelfand, 1998). 수평적 개인주의(horizontal individualism)는 개인이 다른 사람들과의 대등한 관계로 보고 자율성과 독립성을 강조하며, 그 대표적인 국가가 스웨덴이다. 수직적 개인주의(vertical individualism)는 개인의 독특성과 개성을 강조하는 동시에 타인의 인정에 관심이 크다. 이에 따라 다른 사람들과의 관계를 경쟁적으로 인식하고, 사회적으로 높은 지위를 얻고자 하는 경향으로, 미국이 그에 대표적이라고 할 수 있다. 수평적 집단주의(horizontal collectivism)는 개인의 위계나 권위보다는 공동체와의 조화와 협력을 중시하는 것으로, 이스라엘의 키부츠 문화가 그러하다. 수직적 집단주의(vertica lcollectivism)는 개인보다 집단이 우선시되며, 집단을 위한 개인의 희생을 강조한다. 사회의 위계 서열과 권위가 강조되는 인도가 그러한 사례이다.

이 같은 선호가치는 국가 혹은 문화권마다 상이하며, 수직적 개인주의와 수직적 집단주의와 같이 경쟁이나 위계질서가 강조되는 사회에서는 서열의식이 강하게 나타날 것으로 예상할 수 있다. 과거 비교문화 연구들에서 한국과 같은 유교권 국가는 집단주의 가치관이 강하다는 것이었으며, 국내의 연구에서도 성인뿐만 아니라 청소년에게서도 집단주의 특성이 크게 나타났다(Chen, Chen, and Meindl, 1998; Hofstede, 1980; 1983; 김윤명, 2009; 장성숙, 2004). 그러나 IMF 외환위기 이후 한국 사회에 대한 연구들을 살펴보면, 개인주의적 특성이 점차 증가하고 있는 것으로 나타나고 있다. 좀 더 구체적으로, 일부 연구에서는 한국 사회에서 수직적 개인주의가 가장 높은 반면, 전통적 가치관인 수직적 집단주의가 가장 약한 것으로 나타나고 있다고 주장한다(남수정, 2007). 또 일부 연구에서는 수직적 집단주의에서 수평적 개인주의로 급격히 전환되고 있다고 분석하고 있다(한성열·안창일, 1990; 한규석·신수진, 1999).

그렇다면 한국 사회의 문화성향이 개인의 독립과 자율을 중시하는 수평적 개인주의 사회로 변화하고 있다는 것은 서열의식이 좀 더 완화되어 나타나게 되는 것일까? 만약 그렇지 않다면 이유는 무엇인가? 이를 알아보기 위해 우선 한국 사회의 문화성향을 분석한 결과, 수평적 개인주의(3.59)가 가장 높게 나타났으며 수직적 개인주의(3.23)가 가장 낮게 나타났다. 남녀별로 비교하였을 때도 이와 동일하지만, 남성이 여성에 비해 수직적 개인주의와 수직적 집단주의 문화성향이 좀 더 강하게 나타나고 있었다.

서열이 높은 집단과 낮은 집단 모두에 영향을 미치는 요소를 수평적

<그림 III-6-3> 문화성향이 서열화에 미치는 영향

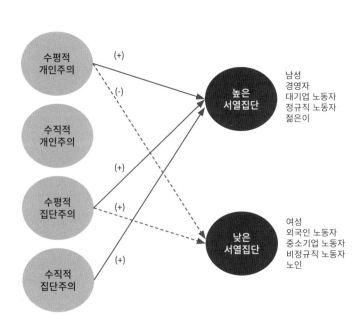

개인주의와 수평적 집단주의에 좀 더 주목해보자. 수평적 개인주의는 서열이 높은 집단은 더 높은 가치로, 서열이 낮은 집단은 더 낮은 가치로 평가함으로써 대립된 집단 간 서열의 간극을 더 크게 만드는 역할을 한다. 반면, 수평적 집단주의는 서열이 높은 집단과 낮은 집단 모두의 사회적 가치는 모두 높게 평가하는 역할을 한다. 이 같은 결과는 서구 개인주의 사회를 떠받들고 있는 개인의 독립과 자율을 최우선 가치로 여기는 수평적 개인주의가 한국 사회에서도 동일한 의미로 해석되고 있는가에 대한 새로운 탐색이 필요하다는 것을 의미한다. 한국의 개인화는 IMF 외환위기 이후 사회 양극화와 경쟁 체제가 확대되면서 각자가 스스로를 구제해야 하는 책임을 억지로 떠맡게 되었다. 이러한 변화에 상응하여 가족에서도 효도와 부양규범이 지배하는 권위적 가족주의는 해체되고 부모의 맞벌이를 도울 지원처로써 자녀의 도구화, 가족과의 강력한 유대는 유지한 채 비혼의 형태로 독립하는 강제적 개인화의 경향이 두드러진다(김혜경, 2013; 심영희, 2011). 그렇기에 근대사회로의 이행에 따라 개인주의가 집단으로부터 개인의 독립성을 중시하는 서구의 개인주의와는 질적으로 다를 가능성을 가진다.

## (사례 2) 한국적 개인주의, 배려(care) 없는 공정성(fairness)

사회가 변화하면 새로운 도덕성을 요구한다(Mandeville, 1989). 전통사회에서 미덕으로 칭송받던 금욕, 겸손, 자기희생 등은 현대사회에서 개인들의 행위를 지도하는 도덕으로써 유효성은 낮아지고 있다. 근대

개인주의 사회에서는 배려(care)와 공정성(fairness)이 옳고 그름을 판단하는 핵심 요소로 자리하였으며, 정부의 정책과 법제도 역시 이러한 정의의 원칙에 근간을 두고 있다. 최근 한국 사회는 유례없는 공정성에 대한 요구가 높아지고 있다. 앞서 살펴본 한국 사회의 불투명성과 불평등은 공정성에 대한 요구를 높일 수 있지만, 내집단 중심의 사회적 관계가 발달한 한국 사회에서 공정성은 왜곡된 방식으로 나타날 수 있다.

　본래 공정성은 쌍방향의 교환 관계에서 누군가의 부정행위나 무임승차와 같은 부정을 통해 이득을 보는 것을 방지하고자 하는 것으로부터 유래되었다. 배려는 고통스러워하거나 약한 대상을 보호하고 보살피고자 하는 것으로부터 발생한다. 이 둘은 서로 보완적인 관계로 사회의 약자에 대한 사회복지 시스템이나 공적 부조의 원리는 지나친 양적 공정성으로 인한 피해를 방지하기 위한 것이다. 그러나 지금 한국 사회에서는 남녀, 세대와 같은 사회집단 간 갈등에서 강조되는 공정성은 타자에 대한 배려는 무시된 채 투쟁적 형태로 나타나고 있다. 그것은 누가 연공서열의 우위에서 더 많은 자원을 확보할 수 있을 것인가, 누가 더 유리한 기회를 점유할 수 있는 위치에 있을 수 있는가와 같은 자격의 요건을 따지는 잣대로서 공정성을 강조한다. 이 같은 의미에서 공정성은 오히려 서열의식을 부추기는 결과로 작동할 수 있다. <그림 III-6-4>에서 보듯이, 배려가 높을수록 높은 서열집단과 낮은 서열집단 모두에 대한 사회적 가치는 높게 평가된다. 하지만 공정성에 대한 인식이 높을수록 남성, 경영자, 대기업 노동자 등과 같은 높은 서열집단의 사회적 가치는 더 높은 것으로

<그림 III-6-4> 배려, 공정성이 서열의식에 미치는 영향

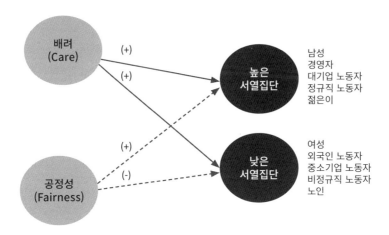

평가하는 반면, 여성, 외국인 노동자, 중소기업 노동자 등과 같은 낮은 서
열집단의 사회적 가치는 더 낮은 것으로 평가하는 결과를 초래하는 것으
로 나타났다. 여기서 나타나는 공정성이란 타인과의 관계에서 단 1원도
손해 볼 수 없다는 의미를 담고 있다.

# 7. 꼰대문화와 모욕주기

## 권위주의 문화의 전형으로서 꼰대

꼰대질, 꼰대짓, 젊은 꼰대, 꼰대체, 꼰대의 특징, 꼰대문화, 꼰대 상사, 꼰대 자가진단, 꼰대 탈출법 등은 '꼰대'를 검색어로 입력했을 때 나오는 연관 검색어들이다. 이 용어들은 꼰대를 감별하는 6하 원칙, 꼰대를 상대하는 법, 나도 혹시 꼰대?, 꼰대 예방 수칙 내지는 꼰대 탈출 프로젝트, 당신도 꼰대가 될 수 있다, 대학가 젊은 꼰대들, 군대 꼰대, 좌꼰(좌파 꼰대), 우꼰(우파 꼰대) 등의 내용들과 연결되고 있다. 이는 꼰대가 꼰대짓 또는 꼰대질이라는 무례, 무개념 행동을 일삼는 혐오적인 존재라는 멸칭으로 사용되고 있으며 나이 불문, 성별 불문, 진영논리 불문하고 누구나 사회적 기피 인물인 꼰대가 될 수 있으나 자신이 꼰대임을 모르기 때문에 더 위험하다는 사실을 경고하는 메시지를 담고 있다. 그러므로 꼰대들이 넘쳐나는 사회에서 피해를 보지 않고 잘 살아내기 위해서는 꼰대를 상대하는 노하우를 익혀야 하고, 혐오의 대상이 되지 않기 위해 행여 나도 꼰대가 아닌지 자가 진단 테스트를 통해 위험도를 측정, 예방 수칙을 준수하여 꼰대가 되지 않기 위해 노력해야 한다. 어쩌다 꼰대가 되었음을 발견하게 되면 즉시 꼰대 탈출 프로젝트를 가동해 꼰대가 되는 것만은 면해야 하는 것이다. 그야말로 꼰대 주의보가 우리 사회 전반에 확산되고 있는 것이다.

이처럼 오늘날 확대 재생산되고 있는 꼰대 담론은 꼰대가 단순히 훈계형 잔소리를 늘어놓는 고리타분한 노인만을 의미하지는 않는다는 것을 말한다. 젊은이들이 비꼬아 사용하던 꼰대라는 은어가 함축하고 있는 어른들의 고리타분함은 단지 지겨움이나 반감을 불러일으킬 뿐이다. 그러나 오늘날의 꼰대는 자신의 경험이나 생각에 대한 맹신을 가지고 아랫사람에게 자신의 생각을 일방적으로 강요하는 사람을 지칭하는 경우가 많다. 조언이라는 가면을 쓰고 행해지는 이 같은 권력자의 일방적인 강요는 필연적으로 가해자/피해자의 대결구도를 형성함으로써 적대감, 혐오감을 축적하고 확산시키는 문제를 안고 있다. 이러한 대결구도는 사회적 신뢰를 무너뜨리고 사회 갈등과 불안을 심화시키는 요인으로 작용한다. 그러므로 꼰대문화는 권위주의적이고 서열주의가 작동하는 한국 사회의 특징을 드러내는 하나의 이념형으로 간주할 필요가 있다. 사회적 사실로서의 꼰대문화는 곧 우리 사회의 일그러진 자화상인 것이다.

실제로 시장조사 전문기업 엠브레인 트렌드모니터가 전국 만 19세~59세 직장인 남녀 1,000명을 대상으로 실시한 꼰대 인식 조사 결과를 보더라도 '꼰대'에 대한 사회적 인식은 매우 부정적인 것으로 나타났다. 또한 꼰대에 대한 인식은 여전히 권위의식에 사로잡힌 나이 많은 남성을 지칭하는 경우가 지배적이나 점차 나이와 무관한 것이라는 인식이 확산되고 있음을 알 수 있다. 꼰대의 특징으로 나이(35.1%)보다 말투(82.0%), 가치관(74.8%), 오지랖(66.4%), 태도(64.7%)를 더 중요한 요소로 꼽았다. 이어 사람들이 가장 공감하는 꼰대 이미지는 고집이 세고

(68.2%), 말이 안 통하고(65.5%), 권위적인(63.4%) 이미지가 할아버지(17.7%) 이미지보다 높게 나타났다. 꼰대 성향이 강한 사람의 특징으로는 자기 생각에 대한 강한 확신(58.5%), 서열에 의해 옳고 그름을 판단(58.1%)한다는 응답 비율이 높았고, 이어 후배 세대에게 교훈적인 말투(42.3%), 후배 세대에게 충성 강요(40.8%), 조직의 성과보다는 서열을 중시(40.7%)한다는 응답이 뒤를 이었다.

한국 사회의 꼰대문화는 인격을 배제한 서열에 의해 타인을 평가하고, 그 서열에 따른 과도한 권한 행사를 허용하는 갑질 문화로 이어진다. 강준만은 "개천에서 용 나는" 모델이 신분 상승의 토대 희망이지만 동시에 "억울하면 출세하라"는 왜곡된 능력주의, 즉 갑질 실천을 내장하고 있다고 보았다(강준만, 2016). 또한 사람들 간의 인정 방식이 단조로운 한국 사회에서는 경제적 부나 지위를 내세운 모욕주기가 자신의 인정을 확보하는 일반적인 방식이 되고 있다. 재벌들의 갑질 릴레이가 그 대표적인 예이다. 운전기사에 대한 상습폭행과 비인격적 욕설, 술집에서의 난동, 아들에 대한 보복 폭행, 경비원 폭행, "내가 인간 조련사"임을 내세운 직원들 상습 폭행, 땅콩회항사건에 이은 직원 얼굴에 물 뿌리기 등은 물신주의에 빠진 우리 사회 부(副)의 천박성을 보여주는 재벌(후세)들의 갑질 사례들이다. 이들의 갑질은 "내가 누군 줄 알아?"라는 특권의식과 권위의식의 발로이다. 그러나 갑질은 재벌이나 특정 권력자에게만 국한되지 않는다. 백화점이나 편의점의 블랙 컨슈머들, 주유원에게 욕설하는 운전자, 대리기사 폭행, 아파트 주민의 경비원이나 택배기사에 대한 갑질, 꽃게잡이 배나 돼지농장, 그리고 염전의 현대판 노예 사건 등 그야말로 을들끼리의 갑질이 일상화되고 있는 것이다(강준만, 2016). 이와 같이 일말의 특권의식에서 시작한 꼰대문화는 왜곡된 능력주의가 암암리에 허용한 갑질의 권한 행사로 이어지며, 이는 높은 연령이나 특권층에 의해 국한되어 실천되는 것이 아니라 층층이 서열화되어 있는 모든 관계에서 나타나고 있다.

## 진보 꼰대와 젊은 꼰대라는 변이체들

꼰대는 나이와 성별의 문제로만 환원되지 않는다. "내가 문재인 대통령보다 한 살 밑인데 나보고는 꼰대라고 하고 문 대통령은 꼰대라고 안 한다"라는 홍준표 전(前) 자유한국당 대표의 발언이 있자 이에 대한 비판이 인터넷을 뜨겁게 달구었고, 한 앵커는 여기에 "꼰대가 꼰대인 줄 알면 꼰대겠느냐"는 일침을 부가했다. 이는 최근 통용되는 꼰대 이미지가 단지 나이 문제가 아님을 뒷받침하는 증거이다. 후배들에게 똥군기 잡는 젊은 꼰대 또는 대학 꼰대도 얼마든지 있고, 꼰대문화를 학습, 모방하는 꼰대 꿈나무도 얼마든지 있기 때문이다.

"386을 위시한 '좌파 꼰대들'에게 권합니다"는 오마이뉴스의 한 기자가 청년 논객, 한윤영의 "청춘을 위한 나라는 없다" 서평으로 내세운 제목이다. 이는 꼰대가 나이 많은 남성에 보수 이미지, 혹은 '보수=꼰대' 등식으로 통용되던 기존의 고정관념에 배치되는 선언이다. 일반적으로 "새는 좌우로 난다"지만 꼰대 행위에는 좌우가 없다고들 한다. 청년세대 담론을 주도하는 기성세대의 특징은 좌우 모두 청년세대들을 미성숙한 존재로 타자화하여 훈계하고 계도하는 자세를 취한다는 공통점이 있다. 실제로 '88원 세대론'을 주도한 학자들을 위시한 한겨레나 경향신문과 같은 진보 성향의 사람들이 제시하는 담론은 청년세대들이 '탈정치화' 되었다고 비판하고, 현재의 살벌하고 힘겨운 경쟁 사회를 향해 '짱돌을 들라'고 훈계한다. "20대들이 투표를 안 해서 나라가 이 모양"이라거나 경쟁의식에 사로잡혀 스펙 쌓기에만 골몰하는 "그대 이름은 무식한 대학생"(홍세화, 2003)이라고 힐난한다거나 "너희들에겐 희망이 없다"(김용민, 2009)고 분노하며 매도해버린다. 이는 대표적인 진보 꼰대 행위의 예라 할 수 있다. 이른바 88만 원 세대의 정치적 무관심, 체제 순응 경향에 대한 진보 논객들의 이 같은 비판에 대해 청년세대의 적개심은 청년 개새끼론의 비아냥으로 표출돼, 지금까지 일종의 정치 괴담으로 회자되고 있다. 선거 때마다 청년은 그야말로 개새끼 취급을 받는 것이다.

반면 조선일보, 중앙일보를 위시한 보수 성향의 사람들이 생산하는 청년세대 담론의 핵심은 한 마디로 "열정과 노력 부족"이다. 영화, '국제시장'이 소환해낸 전쟁세대의 경험, 즉 전쟁이라는 최악의 생존 상황에서 악전고투로 번영을 일궈냈다는 자부심은 '죽을 만큼 노력하면 안 되는 것이 없다', 나아가 '우리가 죽도록 고생했기 때문에 너희들이 이 정도 누리고 사는 것'이라는 강한 신념으로 자리했다. 그들에게 청년들은 현실에 불만만 가지고 투덜거릴 뿐 열정과 노력이 부족한 한심한 존재들로 여겨지기에 그들을 핀잔한다. 반기문 전 유엔 총장이 2017년 조선대에서 행한 '청년과 대한민국의 미래' 강연은 자신의 경험과 나이를 앞세운 보수 꼰대 어법의 대표적인 예라 할 수 있다. 그는 청년들이

<그림 III-7-1> 이념 성향에 따른 꼰대 수준

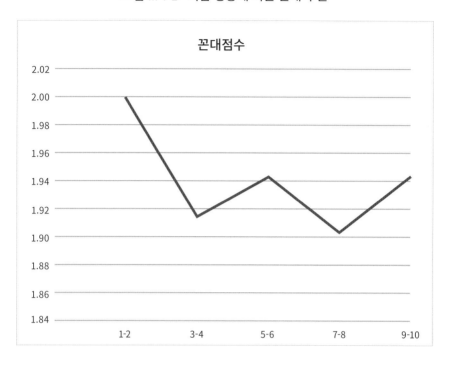

겪는 취업난 등을 들어 "젊어서 고생은 사서도 한다" "글로벌 스탠다드한 시야를 가지고 해외로 진출하고 정 없으면 자원봉사라도 했으면 좋겠다"는 논지의 셀프자랑은 청년들의 분노만 샀던 것이다(민플러스, 2017.1.31). 이처럼 우파의 꼰대적 발언은 대체로 젊은이들의 노력 부족을 탓하는 것으로 요약된다. 이에 대해 젊은이들은 '헬(hell)조선', '노오오오오오...력!'이란 비아냥으로 그들에 대한 적의를 드러내고 있다.

 극단적인 정치 성향(1-2, 9-10 응답자들)은, 중도적 응답자에 비해 꼰대 행위를 더 많이 하는 것으로 조사되었다. 이는 '극좌와 극우는 통한다'는 통념을 뒷받침해주는 단적인 결과로 보인다. 꼰대는 좌우에 모두에 깃들어 있다고 볼 수 있는데, 이들의 공통점은 타인, 특히 청년세대의 무기력과 노력을 탓하며 자신의 경험과 신념, 그리고 나이를 앞세워 가르치려 한다는 것이다. 다만 진보 꼰대는 현실에 순응하지 말고 개혁하려고 노력하라는 것이고, 보수 꼰대는 불평불만을 늘어놓지 말고 현실에 적응하라는 정도의 차이만 있을 뿐이다. 따라서 꼰대는 자신이 가지고 있는 강한 이념 성향을 타인에게 강요한다는 특징을 가지고 있다. 따라서 뚜렷한 이념 성향을 가진 사람일수록 꼰대 성향을 드러내는 경향이 많다고 할 수 있다.

요컨대 꼰대는 보수화된 높은 연령의 전유물이 아니라 경직되고 권위화된 젊은 청년들과 진보주의에서도 흔히 나타날 수 있다는 보편적 인성이 되고 있다. 나아가 일상화된 꼰대는 바로 우리의 모습일 수 있으며, 이는 업무 공간, 회식 공간, 편의점 공간의 사례를 통해 확인할 수 있다.

### (사례 1) 업무 꼰대

'퇴사하겠습니다'는 일본 아사히신문 기자였던 이나가키 이메코(稻垣えみ子)의 저서 제목이다. 실제로 그는 "인생은 회사도, 돈도 아니다"는 생각으로 현재의 안정된 삶과 노후를 보장받을 수 있는 회사에 과감히 사표를 제출하고 나온 '퇴사인'이다. 그러나 오늘날 대부분의 사람들은 회사에 얽매어 살아갈 수밖에 없다. 퇴사는 곧 실직이요, 실직은 곧

일상생활을 영위할 수 있는 기본적 토대를 잃는 것이기에 호기롭게 퇴사를 선언할 수 있는 용기를 낼 사람은 몇 안 될 것이다. 보통 사람들은 일상생활이 대부분 회사 시계에 맞춰 돌아갈 뿐만 아니라 회사를 통한 인간관계가 개인의 희로애락에 주도적인 역할을 한다. 그렇기 때문에 회사가 곧 인생 자체는 아닐지라도 삶의 의미를 주조하는 주요 요인임에는 틀림없다.

실제로 한국건강증진개발원이 2008년부터 격년 주기로 시행한 스트레스 조사(2만 5천여 전국 표본)를 분석한 결과 한국인이 가장 스트레스를 많이 받는 활동 영역은 직장으로 나타났다. 또한 취업 포털 사람인(www.saramin.co.kr)의 조사 결과(직장인 1,008명 대상), 가장 화나게 하는 대상은 단연 직장 상사라고 답한 사람이 77.4%로 압도적인 것으로 나타났다. '별 것 아닌데 트집 잡힐 때'가 47.8%로 가장 높은 비중을 차지했다. 그다음으로 '불합리한 일을 당하고도 바꿀 수 없을 때'(41.6%, 복수 응답), '억울하게 혼날 때'(39.5%), '인격모독 발언을 들을 때'(38.6%), '부당한 업무 지시'(37.4%), '야근, 주말 근무 등 초과업무'(36.5%), '독단적인 결정'(33.5%), '성과나 능력을 과소평가 받을 때'(31.3%)가 뒤를 이었다. 이러한 조사 항목들은 직장인들이 가장 피하고 싶은 꼰대형 상사와 관련이 깊다(광고 포털 업체 조사). 이는 업무 꼰대가 개인의 스트레스와 우울감을 가중시키고, 나아가 사회적 에너지를 저하시키고 사회의 통합을 저해하는 요인으로 작용한다는 데 문제가 있다. 업무와 관련한 꼰대적 행위는 반드시 회사 인간에만 해당하는 것이 아니다.

그러나 업무와 관련한 인간관계에서 권위적 강요, 불통, 뻔뻔함, 강자에게 약하고, 약자에게 강한 행동 등을 특성으로 하는 업무 꼰대는 반드시 특정 사람에 국한된 것이 아니다. 누구나 업무와 관련 직장 꼰대가 될 수 있는 것이다. 따라서 그동안 이루어진 타인에 대한 꼰대 이미지 의식에서 벗어나 회사 생활을 하면서 내가 미처 알지 못했던 내 안에 존재하는 꼰대의 발견은 의미 있는 일이라 하겠다. 동아리 활동과 같은 학교 생활에서의 선후배 관계, 군대 선후임 관계 등도 포함된다고 볼 수 있다.

 우리나라에서 업무적으로 타인과 관계 맺을 때 우리는 수직적 위계구조를 만드는 것이 무척이나 익숙하다. 계약 관계에서 갑과 을, 회사에서의 상사와 부하직원, 학교에서의 상급자와 하급자와 같은 위계적 관계들은 우리들이 상시적으로 갑 또는 을로서 맺어온 인간관계의 예이다. 업무는 다른 관계에 비해 상하 관계가 뚜렷하게 등장하는 사회적 맥락으로, 본 조사에서는 업무 중 등장할 수 있는 꼰대 행위들로 업무 꼰대를 규정하였다. 구체적으로는 업무 과정 중에 발생할 수 있는 꼰대 행위를 다음의 세 문항으로 질문하였다.

 - 아랫사람의 외모나 의상을 업무와 연관시켜 말한 적이 있다
 - 아랫사람의 의견을 아무런 이유 없이 묵살한 경험이 있다
 - 업무를 지시할 때 가끔 화를 내거나 욕설 등을 쓴 적이 있다.

 전체 응답자 대상으로 결과를 보면, 응답자 중 27.8%가 외모나 의상을 업무와 연관시켜 말한 적이 있고, 28.7%의 응답자가 아랫사람의 의견을 이유 없이 묵살한 경험이 있으며, 34.3%의 응답자가 업무 지시할

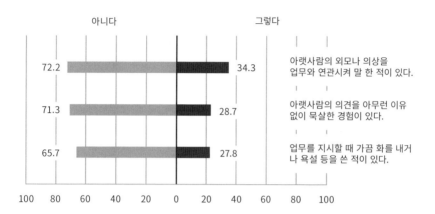

<그림 III-7-2> 업무 과정에서의 꼰대 행위 경험 (단위: %)

아니다　　　　　　　　그렇다

72.2　34.3　아랫사람의 외모나 의상을 업무와 연관시켜 말 한 적이 있다.

71.3　28.7　아랫사람의 의견을 아무런 이유 없이 묵살한 경험이 있다.

65.7　27.8　업무를 지시할 때 가끔 화를 내거나 욕설 등을 쓴 적이 있다.

100　80　60　40　20　0　20　40　60　80　100

때 화를 내거나 욕설을 쓴 적이 있다고 응답하였다. 특히 특이한 점은 화내거나 욕설과 같이 사회적으로 반규범적인 행위를 한다고 응답한 비율이 외모 지적이나 의견 묵살 등과 같은 소극적인 꼰대 행위를 한다고 응답한 비율보다 다소 높다는 것이다.

이 같은 사실에서 알 수 있는 바와 같이 남성이 여성보다 업무 관련 꼰대적 행동을 더 빈번하게 행하는 것으로 나타났다. 세 문항 중 하나에 해당하는 행위를 한 적 있다고 응답을 한 비율은 남성의 경우가 57.0%로 여성 36.9%에 비해 확연히 높았다. 행위별로는, 외모에 대한 언급을 한다고 응답한 남성은 32.5%이었고, 여성은 그보다 낮은 23.0%로 나타났다. 이유 없는 묵살의 경우 남성은 35.3%가, 여성은 22.0%가 그렇다고

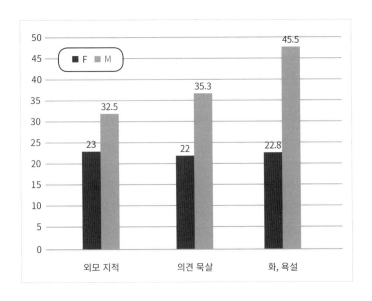

<그림 III-7-3> 남녀별 업무 과정에서의 꼰대 행위 경험 (단위: %)

응답하였다. 업무 지시 중 분노를 표출한 경우는 남성이 45.5%인 반면 여성의 경우 22.8%로 그 차이가 더욱 심하였다. 다음으로는 꼰대 행위에 대한 연령별 분포이다.

연령대로 응답률을 살펴보면 다음과 같다. 특이할 점은 외모 지적이나 의견 묵살, 욕설 사용 등의 꼰대 행위에서 10대의 응답 비율이 가장 높았고, 20대에서 가장 낮았으며 다시 50대와 60대에서 낮아짐을 확인할 수 있었다. 구체적으로, 외모 지적은 10대의 응답률이 35.7%로 가장 높았고, 40대가 30.0%, 30대가 29.4%로 그 뒤를 이었다. 20대는 22.5%로

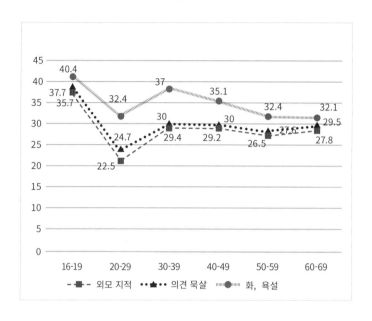

<그림 III-7-4> 연령별 업무 과정에서의 꼰대 행위 경험 (단위: %)

가장 낮은 응답률을 보였으며, 그 뒤를 50대 26.5%, 60대 27.8%로 나타났다. 의견 묵살의 경우도 10대의 긍정 응답률이 37.8%로 가장 높게 나타났으며, 30대 30.0%, 60대 29.5%, 40대 29.2%로 조사되었다. 역시 20대의 응답률이 24.7%로 가장 낮게 나왔고, 50대의 응답률이 27.6%로 그 뒤를 이었다. 업무 중 분노 표출 항목에 대해서도 10대가 가장 높은 비율인 40.4%를 기록하였으며, 그 뒤로 30대 37.0%, 40대 35.1%로 그 뒤를 이었다. 20대와 50대의 경우 32.4%, 60대의 경우 32.1%로 다른 연령대에 비해 낮은 수준이었다.

우선 전체적인 경향성을 보면 각각의 항목에 있어 꼰대 행위를 한 것

167

으로 응답한 비율이 25%~40% 사이에 분포되어 있는 것을 알 수 있다. 이 수치는 자칫 적은 수의 사람들이 꼰대 행위를 한 적이 있는 것으로 해석할 수 있으나, 사실상 갑의 횡포라는 비율로 볼 때 결코 적은 비율이 아니다. 꼰대문화가 한국 사회의 조직문화를 나타내는 중요한 지표가 될 수 있는 예인 것이다. 특히 외모나 의상이 업무 효율성과 아무런 관련이 없는데도 불구하고 자리를 내세워 업무와 연결시켜 지적하는 것은 전형적인 꼰대 행위요, 개인성의 무시라 할 수 있다. 이는 현실에서 흔히 볼 수 있는 예 중 하나다. 직장인들이 최악의 상사로 꼽은 '미생'의 마 부장이 행한 꼰대질과 연결된다. "파인 옷 입고 온 여자가 잘못이지. 숙일 때마다 가릴 거면 뭐 하러 그런 옷 입고 왔니?"라는 마 부장의 발언과 같은 폭언을 일삼는 사람은 어디를 가나 반드시 존재하는 현실인 것이다.

이는 "이래서 여자는 안 돼"와 같은 성차별적 행동과 밀접하게 연결되어 있음을 알 수 있다. 이는 꼰대가 남성 명사로 인식되는 맥락과도 연관되는 것으로, 우리 사회가 전통적 남성 우월주의 문화를 여전히 답습하고 있는 현상으로 해석할 수 있다. 꼰대적인 행동을 한 적이 있다고 답한 비율이 여성보다 남성이 압도적으로 많게 나타난 것과도 연결되는 것이다. 실제로 취업 포털 '인크루트'가 직장인 750명을 대상으로 한 조사 결과만 보더라도 '꼰대'가 '남성 명사'의 성격을 지니고 있는 것과 맥이 닿아 있다. '직장 내에 꼰대가 있다'는 질문에 응답자의 90%가 그렇다고 답했고, 꼰대 성향을 보이는 성별에 대한 질문에 여성이라고 답한 응답자는 15%인데 비해 남성이라고 답한 응답자는 85%로, 남성이 꼰대 성향이 있다고 답한 사람이 압도적으로 많은 것으로 나타났다.

또한 이유 없이 아랫사람의 의견을 묵살한 경험이 있는 사람도 30%에 육박하는 비율을 차지했는데, 이는 직장인들이 꼽는 전형적인 꼰대 스타일인 남의 말을 듣지 않으려는 '불통 성향'과 '네가 뭘 알아?' 식으로 '자신의 전지전능함'을 내세우는 유형이라고 볼 수 있다. 특히 업무 지시를 내리면서 화를 내거나 욕설을 쓴 경험이 있다고 응답한 비율이 가장 높게 나왔는데, 이는 '까라면 까'라는 식의 상명하복 문화가 업무와 관련한 인간관계에 깊게 뿌리내리고 있음을 보여주는 지표라 볼 수 있다(박지영, 2018). 이는 나이와 지위를 기준으로 한 차별의 일상화가 사회적 분노의 분출로 이어질 수 있는 위험성을 내포하고 있다는 데 문제가 있다.

　마지막으로 연령에 따른 꼰대 분포를 보면 서열주의, 권위주의의 문화가 청소년에게 답습되는 꼰대 꿈나무 현상, 직장인이 인식하고 있는 전형적인 꼰대 상사형으로 40~50대 부장을 꼽은 것과 맥을 같이 하고 있음을 볼 수 있다. 특히 10대의 경우 선후배 인식에 있어 전통적인 서열, 권위 문화를 답습하면서도 외모 지적이나 의견 묵살, 욕설 사용 등에서 가장 높게 나온 것은 욕설을 통한 일상적인 대화나 타인의 단점을 지적함으로써 자신의 우월감을 과시하고자 하는 청소년 문화, 나아가 최근 사회 문제가 되고 있는 왕따 문제와 맞닿아 있는 것으로 볼 수 있다. 또한 50~60대로 가면서 꼰대 행위 비율이 낮아지는 것은 점차 정규직의 소멸과 조기 퇴직에 대한 불안, 회사의 중추 역할에서 비껴나는 연령대인 것과 관련이 있을 것으로 보인다.

　상호 존중을 바탕으로 한 수평적인 관계가 인간관계의 이상적 관계이다. 위와 같은 결과는 한국 사회가 회사뿐만 아니라 학교와 군대 등 사회 전반에 걸쳐 수직적 관계가 함축된 서열주의와 가부장적 권위주의 문화가 답습되고 있음을 보여준다. 업무 능력이나 효율성, 상대에 대한 인격적 존중이 담보된 문화가 아니라 나이와 직위의 상하 관계에 따른 무시와 배제, 차별이 일상화되고 있는 부정적 모습을 보이고 있는 것이다. 이는 존중의 결여를 넘어 상대방에게 모욕을 가함으로써(세넷, 2004) 나이와 직위만으로 자신의 요구에 응하라는 근거 없는 강요이며 '업무 꼰대' 유형이라고 할 수 있다. 이는 급진화하고 있는 개인화 현상과 전통적인 가치, 즉 권위주의와 서열주의를 기반으로 하는 집단주의가 상존하면서 일어나는 갈등현상이라 할 수 있다. 강준만은 직장에서 내리갈굼으로 표상되는 꼰대문화는 실적, 성과를 강요하는 것에서 비롯되는 것이지만 점차 이와 무관한 영역이나 장소에서 상습적으로 일어나고 있는 조직문화가 되었다고 비판한다. 김종률도 개발독재 시대에 권위주의 하에서 발전을 도모했던 시기에 공적 영역에 귀속된 남성들의 여러 집단의 형성과 변형 과정에서 야기된 위계적 집단적 회사 인간의 창출로부터 이 같은 꼰대문화가 비롯되었다고 보고 있는 것이다(강준만, 2017; 김종률, 2017). 이제 업무의 민주화로 재편되어야 할 시점에 와 있다. 멘토와 꼰대 사이는 구별되어야 하는 것이다.

## (사례 2) 회식 꼰대

"회식 자리에서 고기 굽지 않고 처먹기만 하는 놈, 술잔 비었는데 술

따르지 않는 놈, 술자리 회식 대신 공연 관람하자는 말도 안 되는 아이디어를 내놓는 놈, 좋아요 하면서 그 의견에 찬성하는 놈, 상사는 어제 한 말과 오늘 한 말이 다를 수도 있다는 것을 이해하지 못하는 놈, 상사는 기아 타이거즈를 좋아하는데 감히 엘지 트윈스를 좋아하는 놈, 노래방에서 상사 노래 먼저 가로채는 놈……"은 상사에게 심각하게 버르장머리 없는 놈이다(정철, 2017). 그러나 하급자 입장에서 보면 영락없는 회식 꼰대이다.

회식(會食)의 사전적 의미는 여럿이 모여 함께 먹음이다. 가족, 친구, 동호회, 동아리, 회사 등 크고 작은 조직 구성원들이 특정한 시간에, 같은 공간에서 소통하며 음식을 함께 나누는 모임인 것이 회식이라지만 흔히 회식하면 떠올리는 것은 회사 조직이며 음주를 동반하거나 음주가 주가 되는 모임이다. 우리는 10여 년 전부터 '회식문화 바꾸기 캠페인'을 진행해 왔음에도 불구하고 여전히 직장인들에게 회식은 업무의 연장이요, 업무보다 더 힘든, 부담과 스트레스 요인이다. 구인·구직 플랫폼, '사람인'이 2017년 5월에 직장인 985명을 대상으로 한 설문조사에서 조사대상자 중 상당수(약 60%)가 회식 스트레스가 있다고 답했다. 여기에는 퇴근 후 개인 시간 부족과 불편한 사람과 함께해야 하는 부담에 이어 술과 분위기를 띄워야 하는 부담이 스트레스 요인으로 작용했다(연합뉴스, 2017.7.20).

전통적으로 회식은 조직 내의 단합을 위해 함께 어울리는 자리로, 개인적인 선호도나 의견은 크게 주목받지 못하고 함께 음식과 술을 먹고 마시는 자리로 인식되어 왔다. 그러나 오늘날의 회식의 의미는 맛있는

<그림 III-7-5> 회식 자리에서의 꼰대 행위 경험

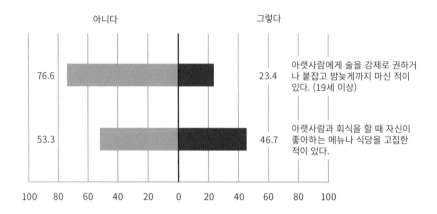

것을 먹고, 공연을 보든지 하는 즐거운 것을 함께 하는 것이다. 그러나 기성세대들은 회식에 대한 전통적인 생각을 갖고 있다. 이에 회식에서의 특정한 행위는 꼰대 짓을 잘 드러낼 수 있다. 이에 착안하여 아래의 두 행위로 회식 꼰대 지수를 측정하였다.

- 아랫사람과 회식을 할 때 자신이 좋아하는 메뉴나 식당을 고집한 적이 있다.

- 아랫사람에게 술을 강제로 권하거나 붙잡고 밤늦게까지 마신 적이 있다(19세 이상만 응답 분석).

46.7%의 응답자들이 아랫사람과 식사를 할 때 자신의 메뉴나 식당을 고집한 적이 있다고 응답하였고, 23.4%의 응답자들은 아랫사람에게 술을 강제로 권했던 경험이 있다고 대답하였다. 전체적으로는 메뉴나 식당

고집 비율이 술 강요보다 2배 정도 높게 나타났다.

이는 우리 사회가 여전히 회식의 일정이나 장소 또는 메뉴를 상사가 일방적으로 결정하고 통보하는 서열 중심의 술을 강권하는 회식 문화를 벗어나지 못하고 있음을 말해준다. 나이나 직급에 따라 서열이 명확하게 결정된 조직에서의 회식은 예절이란 명분 아래 아랫사람이 윗사람의 비위를 맞추거나 분위기를 띄우는데 드는 감정노동, 주량이 약할 경우 강권하는 술은 큰 부담 요인이 된다. 이 같은 사실은 충북도 공공기관 직원 484명을 대상으로 실시한 조사에서도 확인되었다. 조사 대상자들은 회식 문화가 불만스러운 이유로 상사중심의 회식, 술을 강제로 권하거나 과도한 음주, 회식 참여 강요, 회식 일정·장소 일방적 결정 순을 들었다(연합뉴스, 2017. 11. 21). 이 같은 현상은 직장인에게만 해당하는 것은 아니다. 대학생들이 신입생 환영회(OT)나 단합대회(MT) 등에서 선배라는 이름으로 술이 약한 후배들에게까지 술을 강요하는 등 '군기'를 잡는 대학의 회식 문화도 예외는 아닌 것이다. 다음은 성별에 따른 조사 결과이다.

업무 영역에서와 마찬가지로 회식 영역에서도 남성이 여성보다 꼰대적인 행동을 하는 사람이 더 많은 것으로 나타났다. 구체적으로는 자신이 좋아하는 메뉴를 고른다는 응답은 남성 52.4%, 여성 40.9%로 남성이 여성보다 높았다. 특히 술을 강요하는 행위에 대한 긍정 응답은 남성이 31.3%로, 여성 15.2%보다 압도적으로 높게 나타났다. 이 역시 꼰대가 남성 이미지라는 것과 연결된다. 이는 직장의 경우 고위직으로 갈수록

<그림 III-7-6> 남녀별 회식 자리에서의 꼰대 행위 경험

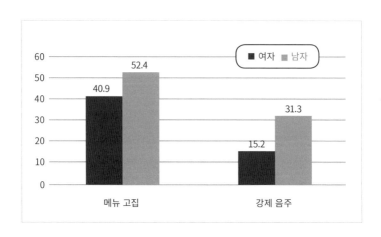

여성의 수의 비율이 낮아지는 것과 관련되는 것으로 보인다. 이는 여성을 독립적으로 보았을 때 회식에서 메뉴 고집이나 음주 강요 등 꼰대 행위의 비중이 결코 낮다고 볼 수 없다. '아랫사람에게 술을 강요하거나 밤새 마신 적이 있다'고 응답한 사람이 15.2%로 나타난 것은 남성에 비해 적은 수치이지만 여성도 회식 자리에서 꼰대 행위의 예외일 수 없음을 보여준다. 특히 '자신이 좋아하는 메뉴나 식당을 고집한 적이 있다' 항목에 대한 긍정 답변이 40.9%에 이른 것은 시사하는 바가 크다고 할 수 있다.

회식 꼰대 유형의 연령별 분포를 보면 다음과 같다.
조사 결과, 회식 꼰대 비율은 40대에서 가장 높은 편이었고, 50대와 60대도 높은 편이었다. 또한 10대의 응답률이 30대와 비슷한 편이었다.

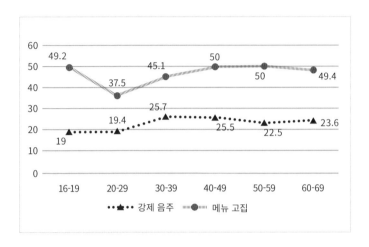

<그림 III-7-7> 세대별 회식 자리에서의 꼰대 행위 경험

업무 꼰대와 마찬가지로 20대의 응답 비율이 가장 낮았다. 메뉴선택 꼰대 행위의 경우 40대와 50대가 50.0%로 높은 수준이었고, 60대 49.4%, 10대 49.2%가 뒤를 이었다. 20대가 37.5%로 가장 낮은 수준이었다. 강제적 음주 꼰대 행위의 경우 30대와 40대가 25.7%와 25.5%로 조사되었으며, 그 뒤를 60대가 23.6%, 50대가 22.5%를 기록하였다. 20대가 가장 낮은 수준인 19.4%로 나타났다.

물론 먹고 마셔야 한다는 사실은 의문의 여지 없이 모든 사람에게 가장 원초적이고 공통적인 것이다. 이것이 바로 여러 사람이 함께 모여서 식사하는 것을 가능하게 한다. 음식이 매개된 사회화가 이루어지는 것이다. 짐멜을 위시한 많은 학자들에 의하면 여럿이 함께하는 식사는 사회적 관계 맺음, 친밀성과 연대의 증대라는 사회적 가치를 지닌다는 점을 강조한다. 이는 특정한 시간을 함께 나누고, 식사를 위한 공간과 식탁을 함께 나누고, 음악과 공연이 제공해주는 즐거움을 나누며, 나아가 대화를 통해 생각을 공유함으로써 유대감을 형성할 수 있다고 보기 때문이다. 그러나 여럿이 모여 함께 먹고 마심으로써 모두가 즐거움을 공유하는 감정공동체가 형성되는 것은 아니다. 불편함과 불화가 요인이 되기도 하는 것이다(Julier, 2013; 메르클레, 2005: 박형신, 2017).

  한국의 회식(會食)문화도 마찬가지다. 구성원의 사기 진작, 갈등과 스트레스 해소, 구성원 간 소통과 유대감을 증대시켜 업무 효율성을 높이기 위한 명분으로 빈번하게 행해지는 회식이지만 이에 따른 스트레스와 불편함을 호소하는 경우도 비일비재하기 때문이다. 그것은 회식 꼰대 문화와 관련이 깊다. 전술한 바와 같이 워라밸의 파괴, 의도적인 커뮤니케이션에서 오는 피로감, 상사중심의 권위적 회식 분위기, 술 강요, 회식 일정 및 장소 일방적 결정, 상사나 선배 시중들기 등의 회식 문화가 부하 직원이나 후배들에게는 스트레스로 인식된다. 그래서 직장인에게는 회식이 업무보다 더 어려운 일로 여겨지는 경우도 많다. 오늘날 사회적인 차원에서 회식문화를 바꾸자는 캠페인으로 점차 자율적이고 수평적이며 의미에 바탕을 둔 회식문화로 바뀌고는 있지만 여전히 우리 사회의 회식문화는 상명하복의 서열과 권위주의에 기반한 업무의 연장인 경우가 많다.

## (사례 3) 편의점 꼰대

"나는 편의점에 간다. 다음날도, 그 다음날도, 나는 편의점에 간다. …… 당신이 만약 편의점에 간다면 주위를 살펴라. 당신 옆의 한 여자가 편의점에서 물을 살 때, 그것은 약을 먹기 위함이며, 당신 뒤의 남자가 편의점에서 면도날을 살 때, 그것은 손을 긋기 위함이며, 당신 앞의 소년이 휴지를 살 때, 그것은 병든 노모 밑을 닦기 위함인지도 모른다는 것을. …… 편의점의 관심은 내가 아니라 물이다, 휴지다, 면도날이다. 그리하여 나는 편의점에 간다. 많게는 하루에 몇 번. 적게는 일주일에 한 번정도 나는 편의점에 간다. 그리고 이상하게도 그 사이 내겐 반드시 무언가 필요해진다"

김애란 단편소설, 「나는 편의점에 간다」 중에서

김애란의 소설 「나는 편의점에 간다」에는 평범한 사람들로부터 복권을 훔치는 도둑, 노숙자에 이르기까지 편의점에 드나드는 수많은 군상들을 그리고 있다. 편의점은 단순히 물품을 구매하는 곳이 아니라 일상을 구매하는 공간이자 평범한 소비자요, 시민이 된다는 생각 때문에 편안함을 느낄 수 있는 현대인의 상징적 공간인 것이다. 또한 적당한 무관심과 사회적 거리가 유지되는 공간이기에 다소 비싼 가격을 감수하면서도 주인공이 편의점에 드나드는 이유다.

1989년 세븐일레븐의 상륙으로부터 출발한 편의점은 2000년 이후 가파른 성장세를 보이면서 2016년 기준으로 점포 수가 3만 개를 넘어섰다.

이는 하루에 편의점을 드나드는 인구가 얼마나 많은지 가늠하게 해주는 지표다. 휴학생, 노동자, 대학생, 취업준비생, 실업자 등 수많은 인생 파편들이 모여드는 공간인 것이다. 그래서 전상인은 '편의점'이란 창을 통해 한국의 도시 생활의 단면과 우리 시대를 읽을 수 있을 것이라고 보는 것이다(김애란, 2005; 전상인, 2014; 오마이뉴스, 2014.9.7).

이처럼 편의점은 단편적이고 짧은 사회적 상호작용이 빈번하게 발생하는 공간이다. 익명성의 특성으로 인해 깊이 없는 사회적 상호작용이 발생한다. 그곳에서 우리는 작으나마 사회적인 지위를 획득하고 있다. 돈을 지불한다는 의미에서 사회적인 지위를 부여받는다. 구매자와 판매자 사이에 형성되는 일시적 갑을관계는 우리의 사회적 지위의 우월성, 즉 꼰대 성향을 드러내게 하는 테스트 베드로서 작용한다. 우리는 본 연구에서 3개의 문항으로 꼰대 성향을 측정하였다.

<그림 III-7-8> 편의점에서의 꼰대 행위 경험

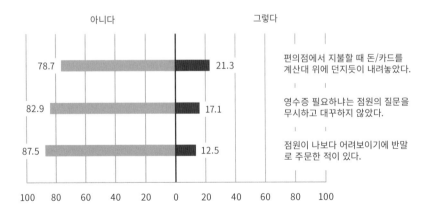

- 편의점에서 지불할 때 돈/카드를 계산대 위에 던지듯이 내려놓았다.
- 영수증 필요하냐는 점원의 질문을 무시하고 대꾸하지 않았다.
- 점원이 나보다 나이가 어려 보이기에 반말로 주문한 적이 있다.


첫 번째 문항은 편의점 계산 시 발생할 수 있는 행위를 기준으로 꼰대 행위를 평가하는 문항이다. 사회적 규범에서 모르는 사람에게 물건을 전달할 때는 두 손으로 공손하게 전달해야 한다는 규범이 존재하지만, 일상적으로 벌어지는 편의점에서는 그렇지 않을 수 있다. 두 번째 문항은 사회적 상호작용의 규범으로 질문에 대한 응답이다. 영수증이 필요하냐는 일상화된 질문에 대답해야 하는 사회적 규범은, 무시하게 된다. 세 번째 문항은 반말의 사용이다. 모르는 사람이라는 점, 점원이 성인이라는 전제하에 우리 문화에서는 존댓말을 사용해야 하는 규범이 존재한다. 꼰대 행위는 이러한 점을 측정한다.

물건값을 지불할 때 돈이나 카드를 투척하는 것과 같이 무례한 행동을 한 적이 있는가를 묻는 질문에 12.5%는 그렇다고 대답하였고, 점원의 질문을 무시한 적 있는가를 묻는 질문에서는 17.1%의 응답자가 그렇다고 대답하였다. 한편 반말 사용의 경우 긍정한 응답자 비중은 이들보다 다소 높은 21.3%로 나타났다. 편의점은 일반적으로 점원과 손님 간의 사회적 거리를 특징으로 한다. 그럼에도 돈을 투척하거나 점원의 말을 무시하고, 심지어 점원의 나이가 어려 보인다는 이유로 대뜸 반말로 주문하는 행위는 상대방의 기분을 상하게 하는 대표적인 꼰대 손님에 해당한다. 그러나 현실에서는 이보다 더한 갑질 손님이 난무한다. 서비스가 나쁘다고 다짜고짜 욕한다거나 편의점 아르바이트생을 무릎 꿇리는 행위, 눈 안 맞추고 인사했다고 장황하게 설교를 늘어놓는 노인, 비싸다고 트집 잡는 사람, 자기 잘못을 인정하지 않고 아르바이트생에게 싸가지 없다고 욕설하는 젊은이 등 편의점에서 왕 대접을 하라고 요구하는 행위들은 최근 종종 사회 문제로 지적되는 사례들이다.

　다음은 편의점에서 꼰대 행위를 한 적이 있다고 응답한 성별 현황이다.

<그림 III-7-9> 남녀별 편의점에서의 꼰대 행위 경험

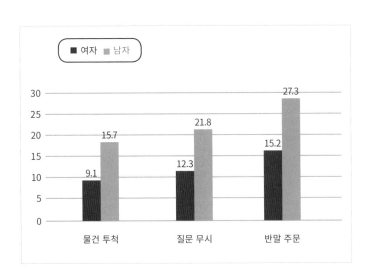

　편의점에서 꼰대 행위를 한 적이 있다고 응답한 비율 역시 여성에 비해 남성이 더 높게 나타났다. 구체적으로, 여성 응답자 중 계산 시 무례한 행동을 한 적이 있는가를 묻는 문항에 그렇다고 응답한 비율은 9.1%

이었지만, 남성의 경우 그렇다는 응답자의 비율이 15.7%로 높게 조사되었다. 점원의 질문을 무시한 경우도 남성이 여성보다 많은 것으로 나타났다. 여성의 경우 긍정의 응답 비율이 12.3%인 반면, 남성의 경우 긍정의 비율이 21.8%에 달했다. 또한 점원에게 반말 사용의 경우도 여성의 경우 긍정의 비율은 15.2%인 것에 비해, 남성의 27.3%로 조사되었다. 편의점 꼰대 또한 남성적 이미지와 연결되는 지점이다.

다음은 연령별 편의점 꼰대 현황이다.

<그림 III-7-10> 세대별 편의점에서의 꼰대 행위 경험

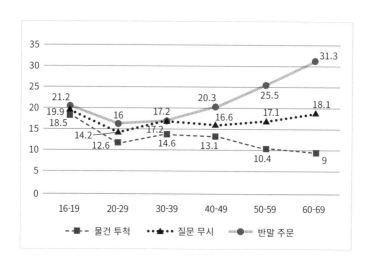

위와 같이 연령에 따라 행해지는 편의점 꼰대 행위들도 상이하였다. 물건 투척의 경우 긍정의 응답 비율은 10대가 18.5%로 가장 높았고, 그

뒤를 30대가 14.6%, 40대가 13.1%, 50대가 10.4%, 60대가 9.0%로 나타나 전반적으로 연령대가 높아지면서 긍정의 응답률은 낮아지는 것으로 확인되었다. 계산 시 무례함과 마찬가지로 20대 중 긍정의 대답을 보인 비중은 16.0%로 가장 낮았으며 다른 연령대의 응답률은 30대의 경우 17.1%, 40대 16.6%, 50대 17.1%, 60대 18.1%로 비슷한 수준이었다. 반말 사용의 경우 60대가 가장 높아 31.3%의 긍정 응답을 보였고, 50대가 25.5%로 뒤를 이었다. 10대의 경우 21.2%로 그 뒤를 차지했는데 이는 40대의 20.3%보다 높은 응답률이다. 여기에서 주목할 것은 꼰대 행위를 한 적이 있다고 응답한 비율이 10대에게서 높게 나타났다는 사실이다. 이는 최근 꼰대 꿈나무, 꼰대 유망주로 10대, 20대의 어린 꼰대들 부상과 관련이 있다. "꼰대는 나이가 아니라 선택, 즉 나이 어린 꼰대도 얼마든지 존재함(정철, 2017)"을 보여주는 결과이다. 단적인 예로 "나 3월에 4학년이니 내 말 잘 들어라"라는 말은 한 초등학교 3학년 학생의 발언이다. 성인들의 서열문화를 학습하면서 자라나는 '꼰대 꿈나무'의 전형이다. 실제로 물건을 사면서 판매대 위에 돈을 집어 던지는 초등학생, 판매할 수 없는 술과 담배를 팔지 않는다고 욕을 하거나 심지어 아르바이트생을 때리는 중고등학생 등은 편의점 아르바이트생이 꼽은 진상 고객에 포함된다. 또한 60대에서 판매원에게 반말을 사용한 경험이 있다고 응답한 사람들이 많은 것은 아마도 자신보다 나이가 어린 아르바이트생에게 반말하는 것은 지극히 당연한 것으로 인식하고 있기 때문인 것으로 여겨지며, 20대가 꼰대 행위에 대한 긍정 응답률이 가장 낮은 것은 20대가 주로 편의점에서 알바를 하는 대부분의 연령층이고,

'꼰대 담론' 생산 주체이기 때문일 것이다.

편의점은 합리적 근대사회를 대표하는 장소이다. 이곳에서는 효율성, 계산성, 예측 가능성, 통제성이 무리 없이 작동된다. 합리성 때문에 인간들은 기계적 관계를 맺는다. 무관심이 배려이고 쿨함이다. 알바는 인격체가 아니라 단지 유니폼으로 자신의 존재를 드러낼 뿐이다. 편의점이 겉으로는 쿨한 관계로 비추어지지만 프라이버시에 속하는 개인의 모든 것을 수집하고 있다. 바코드, 리더기, 스캐너는 유통과 결제의 속도를 크게 높인다. 중요한 것은 편의점 계산기가 바코드를 찍으면 연령, 성별에 따라 어떤 물건을 언제 구입하는지도 함께 입력된다는 사실이다. 편의점을 소유한 거대 기업은 소리 나지 않게, 눈에 띄지 않게 사람과 세상에 대한 정보를 실시간으로 수집, 저장, 분류, 분석하고 있는 빅 데이터 소유자 가운데 하나다(경향신문, 2014.1.17).

이제 우리의 일상이 된 편의점은 연중무휴 24시간 문을 열어 언제든 생필품, 일상용품뿐만 아니라 10~20대들이 저렴하고 간단하게 식사를 해결할 수 있고, 또는 술집 대용으로 이용되고 있으며, 각종 요금 수납, 택배서비스, 티켓 판매, 게임머니 구매 등의 종합생활 서비스, ATM 기계 서비스, 갓 구운 빵, 비상약 문구, 꽃, 식당, 술집, 카페, 은행, 여행사, 택배사 등의 상업, 공공기관, 문화공간들을 흡수하고 있는 상징적인 공간인 것이다.

무엇보다 편의점은 을과 을들의 공간이라는데 사회적 의미가 있다. 편의점이란 소우주에서는 죽음, 가난, 착취 같은 신자유주의의 암울한 그림자도 존재한다. 지난해 상반기에만 편의점 가맹점주 4명이 자살했다.

편의점 본사와 가맹점은 갑을 관계의 전형이다. 편의점 내에선 점주와 알바가 갑을 관계에 놓여 있다. 2012년 편의점 파트타이머의 시간당 보수는 주간 근무자가 4,320원으로, 법정 시급 4,580원에도 못 미친다.

편의점 밖도 마찬가지다. 사회 양극화 추세가 심화되면서 편의점은 을의 공간으로 변하고 있다. 양극화 시대의 경제적 약자들이 편의점으로 몰려간다. 경제적 불평등의 심화 혹은 사회적 양극화를 읽을 수 있는 중요한 단서 중 하나는 식사 대용 상품 판매의 증가다. 삼각 김밥, 도시락, 즉석 죽, 즉석 면, 즉석 밥에다 설렁탕, 갈비탕, 가정간편식까지 매대에 올랐다. 요새 편의점은 식당이라고 해도 과언이 아니다. 2,000~3,000원대로 식사를 해결할 수 있다. 2008년 하반기 세계 금융 위기 이후 편의점에서 도시락 판매는 꾸준히 올라간다. 컵라면도 대용량이 많이 팔린다.[1] 을과 을의 공간으로 상징되는 편의점에서의 꼰대 행위는 을의 을을 향한 을들의 갑질 행위라는데 사회적 의미를 갖는다.

---

1) http://news.khan.co.kr/kh_news/khan_art_view.html?artid=201401172026485#csidx
7ded0b02f382f7eae5b8806e9899f4b

# IV. 패닉으로부터 탈주, 환대의 도시

# 1. 10년 동안 한국 도시에서는 무슨 일이 있었나?

지금까지 우리는 불안의 상황에서 개인 혹은 집단의 정체성 내지는 이익을 보존하기 위해 악마화된 적이 만들어지고 공공연한 차별이 이루어지는 현상을 살펴보았다. 그런데 우리 사회에서 적으로 간주하는 대상은 빈곤, 비혼, 취향, 중독, 열등 등 너무도 광범위한 영역에서 발생하기 때문에 누구나 적으로 내몰리며 비난과 차별을 감수해야 하는 상황을 야기한다. 다시 말해 자신이 주변의 사람들과 유사하며 정상적이고 표준이라는 것을 지속해서 표출하고 관리해야 하는 사회적 압력이 항상 존재한다는 것이다.

고프먼식의 인상 관리는 사회적 관계의 형성과 유지를 위해서 필요하지만, 과도한 자기증명 방식의 인상 관리는 피로감을 누적한다. 인상 관리는 자신이 주로 생활하는 공간이 어디냐에 따라 다르다. 왜냐하면 인상 관리는 나와 인접한 집단을 준거로 이루어지는 것이지, 일면식도 없는 사람을 의식하여 이루어지는 것은 아니기 때문이다. 가령 생활 수준이 높은 공간에서는 외모나 교양, 자녀의 교육 수준 등이 유사성을 유지하기 위한 주요한 압력 요인이라면, 고연령의 집단 공간에서는 결혼이나 자녀 유무가 압력 요인으로 작용할 수 있다. 그런데 개인의 취향이나 선호와 같은 미시적인 수준까지 우열을 나누는 경계가 형성되고 있는 현실은 상호 불인정을 확산할 뿐만 아니라 경계 내에 머무르기 위해서는

<그림 IV-1-1> 가장 살고 싶은 도시 선호도: 2004년, 2014년 비교

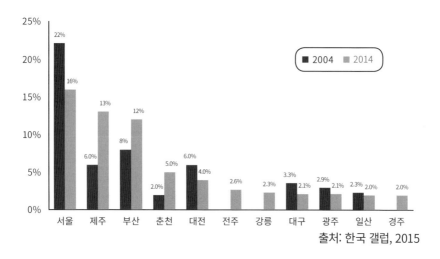

<그림 IV-1-1> 가장 살고 싶은 도시 선호도: 2004년, 2014년 비교

출처: 한국 갤럽, 2015

많은 비용적 부담을 감수해야 한다. 이런 상황에 내몰린 개인들은 그 사회로부터 탈주를 꿈꾸게 되고, 그 상상의 끝에는 차이에도 불구하고 조건 없이 환대받으며 공존할 수 있는 도시가 있다.

## 가장 살고 싶은 도시의 변화: 제주도와 지방 소도시의 부상

한국 갤럽에서 실시한 '우리나라의 도시들 중에서 가장 살고 싶은 도시'에 대한 설문조사 결과에 따르면, 가장 살고 싶은 도시 1위는 서울(16%)이었으며, 다음으로 제주(13%), 부산(12%), 춘천(5%) 순으로 나타났다. 서울은 대기업, 대학, 문화시설, 공공기관이 집중되어 있다는 점에서 저연령일수록 서울을 선호하는 경향이 뚜렷했지만, 서울의 선호도는

2004년 22%에서 2014년 16%로 급격히 하락한 것으로 나타났다. 반면 제주도는 2004년 6%에서 2014년 13%의 높은 증가 추세를 보였으며, 전체적으로 수도권 대도시보다 춘천, 전주, 강릉, 경주 등 지방 소도시들에 대한 선호가 점점 증가하는 것으로 나타났다.

10년 동안 살고 싶은 도시의 선호가 변화했다는 것은 좋은 도시에 대한 기준이 달라지고 있다는 것을 말한다. 좀 더 정확히 말하면, 삶의 질에 대한 중요성이 점차 커지면서 좋은 장소에 대한 요구 조건도 더욱 세분화되고 많아지게 되었다는 것이다. 과거에는 양질의 일자리가 도시 선호를 결정하는 핵심 요인이었지만, 지금은 대기업의 일자리, 좋은 학교, 안전, 사회적 관계, 쾌적한 환경, 예술적 분위기 등이 골고루 갖추어진 도시를 선호하고 그곳으로 이동해 가려고 한다. 좋은 도시에 사는 데는 그만큼 비용이 더 드는 경향이 있다. 그래서 사람들은 현재 삶에서 가장 필요한 요소들의 우선순위를 정해 지역을 선택하게 된다. 예컨대, 열심히 일해야 하는 청장년층은 질 좋고 임금이 높은 일자리가 많은 지역을 선호하고, 어린 자녀를 키우는 부모들은 좋은 학교와 안전한 지역을, 노후를 보내는 노년층은 생활비가 적게 들고 병원과 같은 의료서비스가 좋은 지역을 선호하게 된다.

그런데 주목할 것은 현재 한국 사회에서 선호하는 도시의 새로운 경향성이 존재한다는 것이다. <표 IV-1-1>에서 지역의 소득 수준을 살펴보면, 평균 연봉은 울산(4,112만 원), 세종(3,763만 원), 서울(3,448만 원)이 가장 높았고, 제주(2,820만 원), 대구(2,839만 원), 전북(2,867만

<표 IV-1-1> 지역별 평균 연봉 및 양극화 수준

| 구분 | 하위 20% | 연봉 0.1% | 평균 연봉 |
|------|---------|----------|----------|
| 울산 | 29.5배 | 6억 3,977만 원 | 4,112만 원 |
| 세종 | 24.5배 | 3억 989만 원 | 3,763만 원 |
| 서울 | 18.3배 | 10억 8,315만 원 | 3,448만 원 |
| 대전 | 16.9배 | 2억 162만 원 | 3,354만 원 |
| 경북 | 15.8배 | 3억 8,175만 원 | 3,156만 원 |
| 경기 | 15.7배 | 6억 6,082만 원 | 3,242만 원 |
| 전남 | 15.4배 | 2억 3,055만 원 | 3,201만 원 |
| 충남 | 15.4배 | 3억 5,177만 원 | 3,165만 원 |
| 경남 | 14.9배 | 4억 6,908만 원 | 3,165만 원 |
| 인천 | 14.1배 | 4억 358만 원 | 3,084만 원 |
| 광주 | 12.1배 | 2억 4,255만 원 | 2,902만 원 |
| 충북 | 12.1배 | 2억 7,937만 원 | 2,896만 원 |
| 부산 | 11.7배 | 4억 3,511만 원 | 2,867만 원 |
| 전북 | 11.3배 | 1억 3,756만 원 | 2,867만 원 |
| 강원 | 11.2배 | 1억 2,144만 원 | 2,968만 원 |
| 대구 | 10.7배 | 2억 8,463만 원 | 2,839만 원 |
| 제주 | 10.2배 | 9억 2,199만 원 | 2,820만 원 |

출처: 한겨레. 2017.10.12.

원)이 가장 낮았다. 소득 하위 20%와 상위 20%의 소득액 비교(5분위 배율)를 통해 알아본 양극화 정도에서도 제주, 춘천(강원), 전주(전북)는 하위권에 머물렀다(한겨레, 2017. 10. 12). 최근 살고 싶은 도시로 부상한 제주, 춘천(강원), 전주(전북)는 타 지역과 비교할 때 평균 연봉이 낮으며, 소득 격차도 상대적으로 적은 편이다. 이는 전체 평균보다 상대적으로 빈곤함에도 불구하고 유사한 경제적 수준의 사람들과 서로 비교하고 경쟁하는 것이 사회적 관계의 피로도가 낮으며, 일과 삶이 균형을 이루는 '휴식'과 '여유'가 중요한 요소로 여겨지고 있다는 것을 의미한다.

## 밀려나는 사람들

엔리코 모레티(Enrico Moretti)는 베를린 사례를 통해서 단지 숙련된 노동력의 공급이 한 도시의 경제를 끌어올리는 것의 한계를 지적했다. 베를린은 재능 있는 예술가, 디자이너, 건축가, IT 인력과 같은 창조계급에게 매력적이도록 생활편의시설과 문화시설의 개선에 대량의 자금을 투입했다. 하지만 베를린의 명맥을 유지시켜주는 것은 과거의 유산에서 나오는 관광 수입이며, 그곳에 정주하는 사회과학자의 30%, 예술가의 40%가 실직 상태였다. 이는 고급 인재 유입을 통해 자연스럽게 기업들이 집적하며 일자리를 만들 것이라는 성장 방식이 반드시 유효하지만은 않다는 의미이다. 한국의 제주도 사례와 유사하다. 제주도는 예술가나 자영업자에게는 인기가 있을지 모르지만 양질의 일자리는 태부족이다. 그러나 2010년 이후 연간 1만 명의 인구가 유입되고 있다는 사실은 무엇을 의미하는 것일까?

지금까지 도시 경제를 활성화하기 위한 방식은 기업을 유치하여 일자리를 만들거나 학교나 문화예술 인프라 구축을 통해 고급 노동력의 공급을 확대하는 것과 같이 끌어당기는 요소를 만드는 작업에 집중해왔다. 이는 학력이 높은 부를 가진 사람들을 특정 장소에 밀집하는 효과를 가져왔지만 동시에 부동산 가격 상승으로 장기 거주자들은 결국 살던

동네에서 밀려났다. 새롭게 유입된 이주민들은 기존 정주민과 경제적, 문화적 자본이 다르고, 이로 인해 이전까지 작동하던 사회적 관계망은 사라지고 공동체의 특성 역시 변화하게 된다. 즉 누구에게나 매력적인 도시는 그만큼의 비용을 지불해야 하며, 그 비용을 감당하지 못하면 밀려나야 하는 것이다.

사람들에게 가장 이상적인 형태는 임금은 크게 상승하고 주택가격은 적게 오르는 것이다. 최근 한국 사회의 평균 가계부채는 1억 5천만 원이고 그중 66%가 주택담보로 인한 것이라고 한다. 아쉽게도 한국 사회에서 임금의 인상은 거의 정체 상태에 있는 반면, 부동산 가격은 계속해서 오르고 있다. 죽도록 일해도 빈곤의 상태를 면치 못하는 워킹 푸어 현상과 임금의 상당 부분을 집세와 이자를 지불하는데 써야 하며, 직장을 구한다고 하더라도 비정규직인 취약한 노동 형태는 도시의 매력도를 반감시켜 버린다. 특히 기존의 사회적 관계망이 붕괴되고 이질적 구성원들이 모여 있는 장소에서는 새로운 공동체의 일원이 되기를 원한다면 비용을 들일 것을 요구하고 있으며, 그렇지 못할 경우 공동체로부터 유리되어 차별과 배제의 대상이 되고 만다.

## 2. 잘 사는 동네일수록 갖추어야 할 자격이 많다

**성형도 거주지에 의해 좌우된다**

쾌적하고 여유로운 이미지가 부가된 좋은 도시에 살기 위해서는 많은 비용을 감수해야 한다. 주거비 인상은 봉급(수입) 가운데 상당 부분을 주택 대출금이나 이자를 갚는 데 써야 하며, 인상되는 물가로 인해 실제 구매력은 낮아지게 된다. 반면 집주인들은 부동산으로 인해 높아진 수익과 부동산 가치 때문에 이득을 본다. 사람들의 선호 변화로 인해 창출된 부의 상당 부분은 노동시장뿐만 아니라 주택시장을 통해 생기는 것이다(모레티, 2014). 주택 소유주가 아닌 세입자의 입장에서 가장 이상적인 형태는 임금 인상이 우선이고, 집세 인상이 그다음이다. 그러나 지금까지 통계자료를 보더라도 임금 인상은 물가 상승에도 미치지 못하지만 부동산 가격은 계속해서 높아지고 있다. 높은 주거비용을 지불하더라도 계속 머무는 가장 큰 이유는 노동시장과 관련이 깊다. 고학력의 숙련 노동시장이 풍부한 서울에서 사람들이 높은 주거비용을 지불하더라도 머무르고자 하는 것도 이러한 이유 때문이다.

그런데 자신이 어디에 살고 있느냐에 따라 생활비용의 차이가 크다. 물론 좋은 장소는 높은 주거비를 감수해야 하지만, 그 이외에도 많은 생활비가 추가적으로 발생한다. 생활비용은 단지 먹고 마시는 물가의 반영이라기보다 자신이 속한 장소의 준거집단에 의해 발생한다. 사회학자인 니콜라스 크리스타키스(Nicholas Christakis)는 비만인의 친구는 비만일 가능성이 높다고 했다. 그 이유는 비만인 친구 옆에서 음식을 따라 먹어서 그렇게 되는 것이 아니라, 비만에 대한 허용 기준치가 낮아지기 때문이다. 이는 내 주변의 준거집단에 의해서 나의 인식과 행위가 영향을 받는다는 것을 의미한다. 서울은 자치구에 따라 서로 다른 소득 수준과 연령집단이 분포되어있다. 강남 3구로 불리는 강남구, 서초구, 송파구는 가장 높은 소득 수준과 그에 따른 문화자본을 소유한 집단들이 집중되어 있는데 반해, 도봉구, 강북구, 노원구의 강북 3구는 영구임대 주택단지가 밀집되어 있고 상대적으로 낮은 소득 수준을 보인다. 그리고 강서구, 금천구, 구로구의 강서 3구 소득 수준은 강남 3구와 강북 3구의 중간 정도이지만, 산업지구로의 개발로 인해 많은 유동인구와 소규모 오피스텔 형식의 정주 방식이 퍼져있다. 강남 3구(강남구, 서초구, 송파구), 강북 3구(도봉구, 강북구, 노원구), 강서 3구(강서구, 금천구, 구로구)로 구분하여 타인에 대한 차별의 패턴을 비교한 결과, 강남 3구가 빈곤집단, 열등집단, 취향집단에 대한 차별이 가장 높은 것으로 나타났다. <그림 IV-2-1>에서 보듯이 동성애자, 오타쿠와 같은 취향집단과 비만인, 못생긴 여자와 같은 열등집단에 대한 차별은 강북 3구와 강서 3구는 비슷한 수준을 보이는 반면, 강남 3구는 매우 높은 수준을 보였다. 이는 강남 3구에서 다른 취향과 외모를 가진 사람들은 정상과 표준에서 벗어나는 것으로 분리와 배제의 대상이 된다는 것을 의미하고, 그곳에 살기 위해서는 준거집단의 정상 기준에 포함되기 위해서 비용을 지불해야 한다는 것을 의미한다. 자신이 사는 지역에 따라 자신의 외모와 신체를 가꾸고 성형을 하며, 또 특이한 취향은 남들에게 알려지지 않도록 숨기는 행위가 더욱 빈번히 이루어질 개연성이 높아지는 것이다.

<그림 IV-2-1> 서울 자치구의 차별 패턴

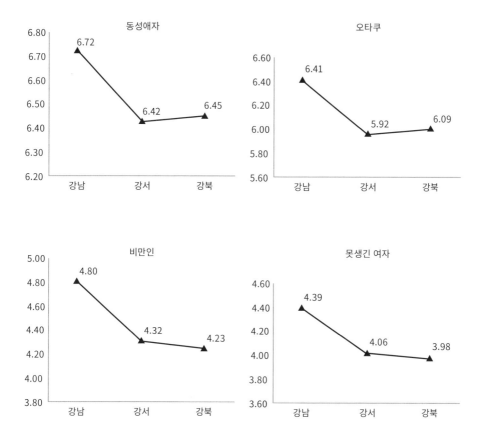

<그림 IV-2-2> 지역에 따른 문화강좌의 격차

강남 3구: 백화점 인문학 강좌

강북 3구: 주민센터 문화강좌

## 문화강좌가 활발한 동네일수록 이웃 삼기 힘들다

문화강좌는 자신의 교양과 취미를 개발하고 발전시키고자 하는 평생교육의 모토를 가진다. 문화강좌의 활성화 정도는 지역에 따라 차이가 있다. 김수정과 최샛별(2012)은 강남과 강북에서 백화점과 주민센터를 중심으로 이루어지는 문화강좌를 통해 경제적 자본과 문화적 자본의 격차를 비교하고 있다. 강남은 강북보다 더 많은 수의 강좌를 개설하고 있고, 종류 면에 있어서도 보다 다양한 문화강좌를 개설하고 있으며, 고액의 수강료를 책정하고 있다. 또한 강남은 강북에 비해 고급문화와 관련된 문화강좌를 더욱 많이 개설하고 있어 문화강좌의 내용적인 측면에서도 차이를 보인다. 이 같은 문화강좌의 차이는 계급의 문화적 아비투스를 강화하고 계급 재생산에 기여한다는 결론을 내릴 수 있다.

그런데 여기서 주목할 것이 문화강좌는 문화자본을 매개로 사회자본을 강화하는 공간이라는 것이다. 주로 강남 백화점에서 주부를 대상으로 한 문화강좌는 수익형 부동산과 재테크, 리빙 트렌드, 인문학 강좌, 자녀를 위한 승마 아카데미, 유아 영어 아카데미 등이 있으며, 일회성이 아니라 1~2개월가량의 코스 방식으로 운영되는 경우가 많다. 한 코스 당 30~110만 원가량의 고가의 수강료는 경제적 비용을 지불할 수 있는 사람들만을 선별하며, 장기간의 운영 방식은 소속감을 가지도록 함으로써 희소한 사회적 기회와 정보의 교환을 촉진한다. 이에 따라 백화점 문화강좌는 그 자체의 내용보다는 그것을 매개로 폐쇄적 연결망을 강화하는 효과를 갖는다.

폐쇄적 연결망은 내집단 중심의 신뢰에 기초하기 때문에 보편적으로 공유된 사회적 윤리가 약하다. 일반적으로 '비도덕적 가족주의'로 지칭되는 이들은 연대를 강조하는 제한된 집단의 도덕성에 지배받으며 거래 비용을 엄청나게 증가시킴으로써 모든 형태의 교환에서 효율성을 잠식한다(Woolcock, 1998). 또한 내집단의 이익을 보존하기 위해 타자를 배제하고 분리하는 결과를 초래한다. 요컨대 강남 3구는 다수가 열망하는 공간이지만 일정한 자격을 요구하고 그에 미치지 못하는 이들을 밀어내는 공간 작동 메커니즘이 존재한다고 볼 수 있는 것이다.

# 3. 가족주의의 환상을 가지고 사는 가난한 동네 노인

## 하층을 중심으로 붕괴되는 가족

1인 가구는 전 연령층에서 지속적으로 증가하고 있으며, 노인 가구 형태 역시 급속히 변화하고 있다. 1990년대 이후 노인 가구 형태는 자녀와 함께 거주하는 자녀 동거 유형에서 노인 혼자 또는 노인 부부만 사는 노인 단독가구 형태로 바뀌고 있다. 노인 중 자녀와 동거하는 비율은 1994년 54.7%에서 2011년 27.3%로 절반 규모로 떨어졌다. 이에 반해 노인 부부가구는 26.8%에서 48.5%로, 노인 독신가구도 13.6%에서 19.6%로 18년 동안 꾸준히 확장되었다(이윤경, 2014).

노인 가구 형태뿐만 아니라 노부모의 부양책임 의식 역시 변화하고 있다. 한국개발연구원의 보고서 '노후보장을 위한 가족, 정부, 사회의 역할(김희삼, 2015)'에 따르면, 노후 대비는 가족의 책임이라는 응답이 2002년 70.7%에 달했지만 2014년에는 31.7%로 줄었다. 반면 노후 대비가 가족과 정부, 사회의 공동 책임이라는 응답은 18.2%에서 47.3%로 늘었다. 그러나 노인들의 공적 연금에 대한 기대는 별로 높지 않아서, 공적 연금으로 충당할 수 있는 노후생활비의 비율은 20~30% 수준에 머무를 것으로 예상하고 있었다(정현용, 2018). 이같이 노인 부양에 대한 책임

## <그림 IV-3-1> 노인 가구 형태 및 부양 의식의 변화

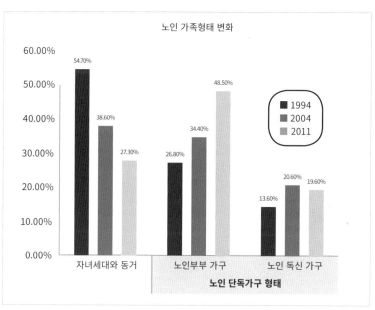

노인 가족형태 변화

- 1994
- 2004
- 2011

| | 자녀세대와 동거 | 노인부부 가구 | 노인 독신 가구 |
|---|---|---|---|
| 1994 | 54.70% | 26.80% | 13.60% |
| 2004 | 38.60% | 34.40% | 20.60% |
| 2011 | 27.30% | 48.50% | 19.60% |

노인 단독가구 형태

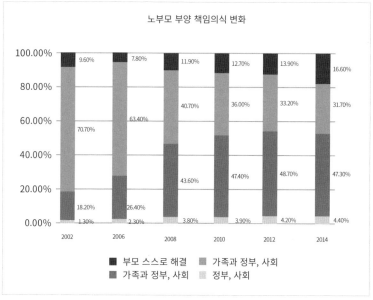

노부모 부양 책임의식 변화

| | 2002 | 2006 | 2008 | 2010 | 2012 | 2014 |
|---|---|---|---|---|---|---|
| 부모 스스로 해결 | 9.60% | 7.80% | 11.90% | 12.70% | 13.90% | 16.60% |
| 정부, 사회 | 70.70% | 63.40% | 40.70% | 36.00% | 33.20% | 31.70% |
| 가족과 정부, 사회 | 18.20% | 26.40% | 43.60% | 47.40% | 48.70% | 47.30% |
| 가족과 정부, 사회 | 1.30% | 2.30% | 3.80% | 3.90% | 4.20% | 4.40% |

- ■ 부모 스스로 해결
- ■ 가족과 정부, 사회
- 가족과 정부, 사회
- 정부, 사회

출처:(위) 보건사회연구원, 2014. (아래) 한국개발연구원, 2015.

인식이 가족적 차원에서 사회적 차원으로 옮겨가고 있지만, 실제 그에 대한 사회적 대응은 전혀 준비되어있지 않은 것이다.

가족이 변한다는 것은 단지 가족의 형태가 변하는 것을 넘어 자녀와 노인이 이용할 수 있는 자원의 변화로 출산, 교육, 건강 등의 질이 달라진다는 것을 의미한다(카르본·칸, 2016). 노인들에게 사라지고 있는 가족 안전망은 '과로 노인'이라는 새로운 상황을 만들어 냈다. 지금의 노인들은 위로는 고령의 부모를 간병하고 아래로는 청년실업으로 벌이가 없는 자녀들을 부양하기 위해 퇴직 후에도 죽도록 일해야 한다. 그리고 언제나 찾아올 수 있는 불운, 즉 큰 병에 걸려서 퇴직금을 탕진해 버릴 수도 있고, 배우자의 치매로 모든 생활이 붕괴될 수 있는 온갖 상황에 직면한다 하더라도 쉴 수가 없는 것이다.

## 동거커플과 알코올중독자를 거부하는 하층 노인의 심리

서울시 자치구별 연령 분포를 살펴보면 강남 3구의 평균 연령은 가장 낮은 수준이며, 강북 3구의 평균 연령은 높은 수준이다. 특히 인구 대비 노인 비중을 살펴보면, 강북구가 25.7%로 전체 자치구 중 가장 높으며, 도봉구 23.4%, 노원구 21.5%로 상위를 차지한다.

강남 3구, 강북 3구, 강서 3구의 마이너리티 차별을 살펴보면, 동거커플과 알코올중독자에 대해서는 기존의 빈곤집단, 취향집단에 대한 차별 패턴과는 다르게 나타난다. 대부분의 마이너리티에 대해서는 소득이

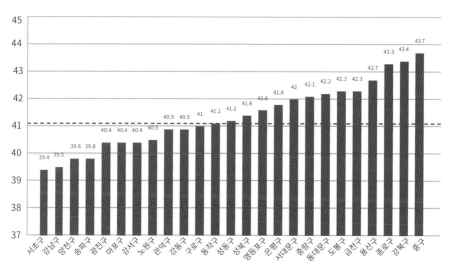

출처: 서울시 열린데이터광장, 2016

높은 강남 3구의 차별이 가장 높으며, 강북 3구는 강서 3구와 마찬가지로 상대적으로 낮은 차별 수준을 보였다. 그러나 동거커플과 알코올중독자에 대해서는 강북 3구가 강남 3구보다도 더 높은 차별 수준을 보이는 것으로 나타났다. 이는 강북 3구의 연령적 특성이 반영된 결과로 해석할 수 있으며, 고연령에서는 이들 집단을 강력한 차별과 배제의 대상으로 보고 있다는 것을 말한다.

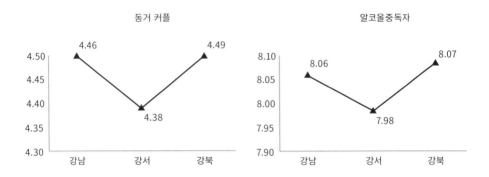

&lt;그림 IV-3-3&gt; 강남, 강북, 강서 지역의 차별 패턴 비교

타 지역에 비해 고연령의 저소득 인구 비중이 높은 강북 3구에서 동거 커플에 대한 비난의 이유는 비교적 자명하다. 이들 인구집단은 가부장적 가족주의 가치를 내면화한 동시에 가족자원이 자신을 의존할 수 있는 유일한 대비책이기 때문이다. 그러나 하층을 중심으로 붕괴되고 있는 부모-자녀의 가구 형태와 더 이상 부모가 자녀들의 책임이 아니라는 의식 변화에서 동거와 같은 결합 형태는 문란하고 무책임한 행위의 결과라고 여긴다. 연애, 결혼, 출산을 포기하였다고 삼포세대라 불리는 청년세대는 더 빈곤한 시절을 겪으면서도 가족을 부양해온 노인 세대에게 그저 철없는 행동으로 치부될 뿐이다.

한편, 한국은 음주에 비교적 관대한 문화로 인해 노인의 알코올중독 유병률이 외국의 3~15%에 비해 22%로 훨씬 높은 수준을 보인다(KBS, 2014.7.5). 한국보건사회연구원은 60세 이상 노인의 음주 비율을 2001년 기준 42.2%인 것으로 보고하고 있으며, 전체 연령 중 60대가 가장 높은 수준의 알코올 의존 판정을 받은 것으로 나타났다(이지현, 2010). 이 같은 노인의 알코올중독에 영향을 주는 요소는 노화에 따른 대사 능력의 하락이라는 의학적 요인 이외에도 다양하다. 그중 하나는 노년이 퇴직, 사별, 질병, 고립 등의 생애사적 스트레스가 집중되는 기간이라는 점, 고독감과 낮은 사회적 지지로 인한 심리적 손상이다(Graham and Schmidt, 1999). 거기에 더해 낮은 수입 상태는 우울을 동반하며 알코올중독의 주요 요인이 된다(윤명숙·조혜정, 2007). 그렇다면 비교적 낮은 수입의 강북 3구에서 노인 인구는 음주에 더 많이 노출되어 있다고 볼 수 있지만, 그럼에도 이들은 자신과 알코올중독자와 분리시키며 차별의 대상으로 지목하고 있다.

# 4. 인간답게 살기 위한 최소 비용

## 인간답게 살아가기 위한 최소 비용 356만 원

전쟁세대, 산업화세대들에게는 '먹고 사는 문제'가 가장 절박한 문제였다. 굶주림에서 벗어나기 위해 과잉노동을 마다하지 않았고, 자녀 교육과 부모 부양이 자신의 삶보다 우선해야 했던, 그야말로 '생존세대'였다. 휴식, 취미, 자기 계발, 자아실현 등 삶에서 중요한 가치들은 밀려났다. 특히 주택은 '살 공간'이 아니라 재산 증식의 도구이자 노후 대책의 유일한 수단으로 여겼기 때문에, 집을 장만하고 더 큰 집으로 넓히는 것, 심지어는 갭 투자자나 다주택자가 되기 위한 투기 대열에 투쟁적으로 합류하는 것이 안정적인 미래를 위한 준비이자 투자라는 생각이 사회적 습속으로 자리 잡게 한 세대였다.

그러나 이제 삶의 가치가 변화하고 있음을 감지할 수 있는 징후들이 나타나고 있다. 인간다운 삶이 단지 '먹고 사는 생존' 자체 그 이상이어야 한다는 생각이 힘을 얻어간다. 인간다운 삶이란, 생계를 넘어 여행이나 취미생활은 물론 자기 계발이나 자아실현에 투자할 수 있는 정도의 여가 시간과 비용이 필요하다는 인식에 도달한 것이다. 자기 결정권을 상실한 삶이 아니라 진정한 자유와 권리를 획득하는 게 인간다운 삶이라고 생각하기 시작했다. 최근 이슈가 되고 있는 '최저임금제도'나 '기본

소득제도'를 둘러싼 뜨거운 논쟁은 사회적인 차원에서 단순히 생존이 아닌 인간으로서 '품위 있는 삶'을 누려야 할 시민적 권리로 인식되고 있다는 증거이다.

현재 한국 사회에서 살아가는 사람들이 품위를 유지하며 인간답게 살아가는데 월평균 최소 356만 원이 필요하다.

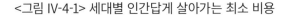

<그림 IV-4-1> 세대별 인간답게 살아가는 최소 비용

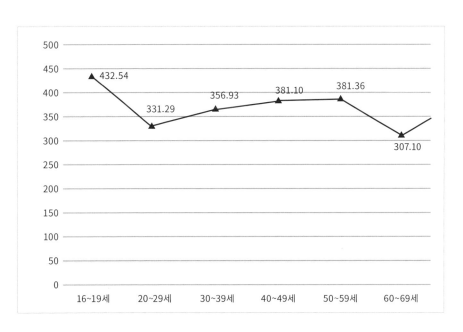

10대가 월평균 433만 원으로 가장 높은 필요 경비를 제시한 경우를 제외하고는 비슷한 수준의 비용이 필요하다고 답했다. 30대~40대(각각 357만 원, 381만 원)가 10대에 이어 높은 비용을 제시했는데, 이는 생애

과정에서 30~40대는 결혼 및 주택 마련 자금, 그리고 자녀 양육비 및 교육비 부담이 크기 때문인 것으로 풀이된다. 결혼과 자신의 은퇴 연령에 해당하는 50~60대 역시 품위를 유지하고 살아가기 위해서는 300만 원이상이 필요하다고 답했다. 지역별로는 서울시가 391만 원으로 가장 많은 비용이 필요하다고 응답했고, 제주지역이 가장 적은 292만 원을 제시했다. 대체로 지방 중소도시보다는 서울을 비롯한 수도권 대도시가 더많은 비용이 필요하다고 응답했는데, 이는 우리가 예측하고 있듯 주거비를 포함한 기본 생활에 필요한 수준이 높기 때문인 것으로 풀이된다.

그러나 사회구성원들의 이러한 기대는 현실적 만족과는 거리가 있는 실정이다. 우선 최근 욜로족, 소확행, 워라밸 등의 용어가 유행하고 있는데, 이 유행의 이면을 살펴보면 기대 욕구와 현실적 조건의 부조화 현상을 확인할 수 있다. '한 번뿐인 생'을 뜻하는 'You Only Live Once'의 앞 글자를 딴 욜로(YOLO)족은 한마디로 현재를 즐겨라를 모토로 삼는 사람들을 지칭한다. 따라서 현재의 만족을 위해서 기꺼이 소비를 망설이지 않는다. 건강보다는 맛을 중시하고, 소문난 음식점 찾아가기, 비싸더라도 분위기 좋은 식당 찾아가기, 나만의 여행을 선호하고 취미 생활에 더 많은 시간과 비용을 투자하며, 전셋집일망정 자신의 취향에 맞게 꾸민다. 이는 미래를 위해 현재를 희생하고 싶지 않은 경향을 보인다는 특징이 있다. 소확행은 실현 불가능한 꿈을 꾸기보다는 작지만 확실한 행복을 추구하는 삶의 방식을 보여주는 용어이다. 이러한 의식에는 주택구입, 취업, 결혼 등 '오르지 못할 나무'는 깨끗하게 포기하고, 여행, 취미, 맛있는 음식 먹기 등 실현 가능한 행복을 추구하고자 하는 워라밸(Work and Life Balance) 중시 경향으로 여가 시간이 없는 높은 수준의 임금보다는 좀 적게 벌더라도 일과 삶의 균형을 이룰 수 있는 조건을 선호하는 모습을 보인다. 이는 이전 세대들과 비교해 추구하는 바가 전혀 다른 젊은 세대들의 새로운 가치관을 보여주는 용어들이다.

그러나 현실은 '미생'으로 대변되는 청년세대, 비정규직이나 파트타임, 아르바이트로 전전하면서 열악한 주거 공간에서 생활할 수밖에 없는 현실과 맞물린 N포세대의 포기 정서가 만연하다. 현재의 만족을 포기하지 않겠다는 세대의 집합 심리는 불안하고 불확실한 미래에 대한 투자-연애, 결혼, 출산, 주택마련, 노후대책 등을 포기해야 가능하다는 역설과 맞물린다.

베이비부머로 상징되는 50~60대 또한 마찬가지다. 비혼 또는 미취업으로 독립하지 못한 자녀의 뒷바라지, 치매나 노환을 안고 있는 고령 부모의 부양 등은 여전히 이들 세대가 감당해야 할 현실이다. 뿐만 아니라 은퇴 준비가 안 되어 있는 인구 비율이 높고, 연금 가입 인구 중에서도 극소수의 연금 부자를 제외하고는 연금 수령액 또한 턱없이 부족하다. 그러므로 노인 빈곤율은 심각한 사회문제의 복병 중 하나가 될 것이다. 때문에 나이가 들더라도 경제활동을 멈출 수 없는 노후지옥을 경험해야 한다. 소수의 연금부자를 제외하면 연금 수령액은 턱없이 부족한 상황이며, 저임금 일자리를 유지해야 하는 상황이므로, 품위를 유지하고 살아가는 최소 비용에도 못 미칠 것은 뻔하다. 이런 점에서 일본사회가 곧 노후지옥이 될 것이라고 지적한 후지타 다카노리의 경고를 귀담아들을 필요가 있다. 그는 "평생 단 한 번도 제대로 쉬지 못한 보통 사람들의 미래"란 "하류노인이 되거나 과로로 죽는" 과로 노인사회가 될 것임을 선언한다. 연금이 모자라 죽기 직전까지 일하지 않으면 먹고 살 수 없고, 심지어 자식과 함께 파산하는 일도 생길 것이라는 우울한 진단을 내리고 있는 것이다(후지타 다카노리, 2017). 이 같은 고통은 일본보다 복지 시스템이 허약한 한국 사회가 더 심각하게 겪을 수밖에 없다.

　품위 있는 삶을 유지하기 위해 필요하다고 예상되는 비용과 열악한 현실 조건은 심각한 부조화를 이루고 있다. 미래를 포기하고 현재의 만족을 위해 소비에 몰두하는 사회든, 죽기 직전까지 일해야 먹고 살 수 있는 사회든 구성원들에게 심한 고통과 모욕감으로 위해를 가하는 사회인 것만은 분명하다.

# 5. 품위 있는 제도, 회복되는 개인

## 제도로부터 모욕받지 않을 권리

인간사회에서 거부를 의미하는 모욕의 또 다른 개념은, 고의적으로 어떤 사람의 중대한 이해관계에 대한 통제력과 자유를 완전히 상실하게 만든다는 개념이다(마갈릿, 2008). 개인의 자유의지 또는 자기 결정권에 대한 통제력을 박탈하는 사회는 품격을 상실한, 모욕적인 사회라 할 수 있다. 성숙한 사회는 구성원들의 자유를 기본 권리-신체의 자유, 양심과 신앙의 자유, 표현·출판·사상의 자유, 개인 재산 소유의 자유, 집회 결사 및 정치활동 참여의 자유 등-로 인정함으로써 자유롭게 자신의 능력을 발전시키고 자신의 인생을 잘 살아낼 수 있도록 하는 것이다. 그 바탕에는 인간은 독립적이고 이성을 가진 자주적인 도덕적 주체이고, 자신을 위해 선택할 수 있으며, 동시에 자신의 삶에 책임을 질 수 있다는 인간관이 자리 잡고 있다(짜우포충, 2014).

권력과 다수자로부터 소수자를 보호하고자 하는 차원에서 탄생한 세계인권선언은 인간이면 누구나 마땅히 누려야 할 권리로 양심, 사상, 종교의 자유를 인간이 누려야 할 기본적인 권리로 제시하고 있다(제17조). 이러한 권리에는 자신의 종교 또는 신념을 바꿀 자유도 포함되며, 가르침, 실천, 예배, 의식을 행함에 있어서 다른 사람과 함께 공개적으로 또는 개인적으로, 자신의 종교나 신념을 겉으로 드러낼 수 있는 자유가 포함된다. 이어 "모든 사람은 의사 표현의 자유를 누릴 권리가 있다"고 선언한다. 여기에는 타인의 간섭을 받지 않고 자기 의견을 가질 수 있는 자유와 모든 매체를 통하여 국경을 넘어 정보와 사상을 모색하고 받아들이고 전파할 자유가 포함된다(제18조). 그러나 이러한 자유 조항들이 모든 국가들에서 실현되고 있는 것은 아니다. 그러기에 현대 국가에서 이 조항들의 실현 정도가 그 국가의 민주화 정도 또는 성숙도를 나타내는 지표로 간주되는 것이다.

　좀 더 적극적인 인정 개념에서 자유는 단지 자기 결정권을 존중하는 것이 아니라 그러한 결정이 외부의 힘에 의해 좌우되는 것이 아닌 자신의 권리를 스스로 행사할 수 있는 환경에 대한 책임을 포괄한다. 어떠한 상황에서도 굶어 죽을 일이 없는 복지, 남으로부터 침해받지 않는 사생활 안전은 국가로부터 제도적으로 보호되어야 할 사안이다. 또한 오늘날 개인은 노동을 통해 사회에 참여하고 이를 통해 창출된 소득은 생존의 안전을 보장해줄 뿐만 아니라 존엄한 삶을 영위하기 위한 토대이다. 그러기에 일거리의 공정한 배분은 매우 중요하다. 그러나 현실은 녹록지 않다. 노동의 배신을 만들어내는 신자유주의적 시스템은 앉지도, 떠들지도, 먹지도 않고 쉴 새 없이 음식을 나르고, 똥 묻은 변기를 닦고 받는 몇 푼의 임금, 거기다 무시당하고, 심지어 감시당하며 일하지만 싸구려 모델을 전전해야 하는, 저임금에 옭매인 워킹 푸어(working poor)를 양산해내는 것이다(헤니·코브체, 2016; 에런라이크, 2012). 보다 성숙한 사회는 단순히 생존을 위한 일자리를 제공하는 환경을 만드는 것에 그치는 것이 아니라 모두가 존엄을 유지할 적정하고 안전한 근로조건을 제공받을 수 있는 사회다. 요컨대, 품위 있는 제도란 최소한의 생존과 사생활을 보호할 수 있고, 공동체의 일원으로 존중받고 권리를 행사할 수 있으며, 자유와 공정한 근로 조건을 제공할 수 있어야 한다.

## 품위 없는 제도의 전형

가장 품위 없는 제도의 전형은 경제적 수준에 따라 제도가 차등적으로 적용되는 것이다. 현재 한국 사회에서 사법제도나 국회 기구에 대한 신뢰가 바닥인 이유는 어떤 집단에게는 더 호의적이고, 또 어떤 집단에게는 최소한의 보호마저도 제공하지 못한다고 느끼기 때문이다. 이때 제도의 차별은 가장 기본적으로 빈자와 부자에 따른 차등인데, 그중 최저임금 이하의 집단과 그 이상의 집단에게 제도는 어떠한 모습으로 비추어지는가를 살펴보면 다음과 같다.

우선 한국 사회에서 최저임금은 2017년 월 1,352,230원, 2018년 월 1,573,770원임을 감안하여, 월 가구소득 150만 원을 기준으로 상위 집단과 하위 집단을 구분하였다. 보호, 권리, 자유, 노동의 4영역에서 제도가 두 집단 사이에 얼마나 다르게 실행되고 있는가를 비교한 결과는 <표 IV-5-1>과 같다.

우선 사람들이 인식하는 제도 수준에 대한 평가 결과는 권리(2.36)가 가장 낮으며, 다음으로 노동(2.65), 보호(2.67), 자유(3.28)의 순으로

## <표 Ⅳ-5-1> 소득 수준에 따른 제도에 대한 인식 차이

| 항목 | 세부문항 | 소득수준 | |
|---|---|---|---|
| | | 150만 원 이하 | 150만 원 이상 |
| 보호 | 우리나라에서는 어떤 경우에라도 굶어죽을 일은 없다. | 2.72 | 2.85 |
| | 우리나라에서는 어떤 형태로든 일자리를 구할 수 있다. | 2.76 | 2.89 |
| | 우리나라에서는 미래가 안전하다고 느낀다. | 2.52 | 2.61 |
| | 가족, 집, 이메일, 문자 메시지 등 사생활이 국가나 타인으로부터 임의로 간섭받지 않는다. | 2.94 | 2.96 |
| | 나는 개인정보가 잘 보호된다고 느낀다. | 2.21 | 2.25 |
| 권리 | 우리나라의 모든 사람들은 폭력적이거나 잔혹한 대우를 받지 않는다. | 2.49 | 2.53 |
| | 우리나라의 모든 사람은 비인간적, 굴욕적 대우를 받지 않는다. | 2.33 | 2.35 |
| | 우리나라에서 법은 빈부나 권력에 상관없이 모든 사람에게 동일하게 적용된다. | 1.91 | 1.94 |
| | 우리나라에서 아동이나 청소년은 폭력이나 부당한 노동으로부터 잘 보호받고 있다. | 2.28 | 2.32 |
| | 희생자나 피해자를 보호하고 보상해 줄 좋은 법적 장치가 있다. | 2.34 | 2.37 |
| | 우리나라에서 나는 존중 받는다고 느낀다. | 2.65 | 2.80 |
| 자유 | 모든 사람은 사상이나 양심, 종교에 따라 억압받지 않는 자유가 있다. | 3.57 | 3.59 |
| | 자신의 의견을 자유롭게 작성하고 표현할 수 있다. | 3.40 | 3.43 |
| | 자신의 의견은 어떤 검열 없이 어떤 매체를 통해서나 표현되고 확산 될 수 있다. | 3.06 | 3.06 |
| | 자신의 의견은 어떤 보복이나 두려움 없이 표현될 수 있다. | 3.00 | 2.99 |
| | 공적이나 사적인 장소에서 자신의 종교나 사상을 표현하고 행사할 자유가 있다. | 3.37 | 3.36 |
| 노동 | 우리나라의 모든 사람은 적정하고 안전한 근로 조건을 제공받는다. | 2.34 | 2.39 |
| | 성별, 인종, 결혼, 외모 등에 관계없이 자유로운 취업 기회를 선택할 수 있다. | 2.49 | 3.51 |
| | 우리나라는 차별 없이 평등한 고용조건과 임금을 지급한다. | 2.15 | 2.19 |
| | 고용된 사람들은 합리적인 유급휴가와 휴일이 있다. | 2.58 | 2.69 |
| | 회사나 지역 사회 등의 중요한 의사결정에서 모든 구성원들은 동등한 참여 기회를 갖는다. | 2.55 | 2.56 |
| | 열심히 노력하면 나의 부모보다 더 좋은 지위로 이동할 수 있다. | 2.80 | 2.90 |
| | 새로운 직업을 얻기 위한 재교육이나 고용 알선 등의 기회가 제공된다. | 2.87 | 2.92 |

＊ 진한 색의 칸은 150만 원 이하 집단과 150만 원 이상 집단 간 제도 인식에서 유의미한 차이가 나타나는 영역임.

나타났다. 세부적으로 가장 제도의 수준이 낮다고 느끼는 항목은 (1) 우리나라에서 법은 빈부나 권력에 상관없이 모든 사람에게 동등하게 적용된다(1.93) (2) 우리나라는 차별 없이 평등한 고용조건과 임금을 지급한다(2.17) (3) 나는 개인 정보가 잘 보호된다고 느낀다(2.23)로 주로 가장 높은 1, 2순위는 차별적인 제도로 보고되었다. 반면, 제도의 수준이 높다고 느끼는 항목은 (1) 모든 사람은 사상이나 양심, 종교의 따라 억압받지 않는 자유가 있다(3.58), (2) 자신의 의견을 자유롭게 작성하고 표현할 수 있다(3.42), (3) 공적이나 사적인 장소에서 종교나 사상을 표현하고 행사할 자유가 있다(3.37)는 주로 언론, 출판, 표현, 사상의 자유와 관련된 것으로 나타났다.

이러한 제도에 대한 인식은 임금 수준에 상관없이 공통되지만, 상위 집단과 하위 집단 간 보호와 노동 영역에서는 유의미한 차이가 나타나고 있다, 보호는 복지, 안전, 사생활 보호와 관련된 제도인데, 특히 최저 생계의 보호, 삶의 기회(일자리), 미래의 삶에 대한 안전과 관련해서 하위 집단이 상위 집단에 비해 더 부정적인 것으로 나타났다. 또 노동 영역에서 근로 조건, 휴가 생활, 지위의 이동, 재교육의 기회에 대해서 하위 집단이 상위 집단에 비해 더 부정적인 것으로 나타났다.

이에 비해, 권리 영역에서 폭력의 피해나 법의 집행, 희생자의 보호에 대해서는 상위 집단과 하위 집단 간 유의미한 차이가 나타나지 않는다. 그러나 '우리나라에서 나는 존중받는다고 느낀다'는 질문에 대해서 상위 집단(m=2.80)과 하위 집단(m=2.65) 간 유의미한 차이가 있는 것으로 나타났다. 자유의 영역은 종교, 양심, 표현의 자유와 관련된 제도인데,

이들 항목에서 상층 집단과 하층 집단 간 유의미한 차이는 나타나지 않았다. 이는 한국 사회에서 대부분의 사람들이 자신의 생각을 다양한 매체를 통해 자유롭게 표현할 수 있다고 느낀다는 것을 말한다.

이상의 결과들을 종합해 보자면, 한국 사회에서 상층과 하층 간 인지하는 제도의 차이는 대부분 복지, 일자리, 근로조건, 지위 이동, 삶의 기회, 여가와 같이 물질적 삶의 조건과 직결된 영역이다. 반면 권리와 자유, 여기에 더하여 사생활 보호는 대부분 자신에게 당면한 현안 문제가 아니거나, 혹은 대부분에게 민감도가 낮은 사안이다. 한국 사회가 경제적으로 선진국가라고 일컬어지는 것과 달리 개인은 상층과 하층에 따라 차별하는 품위 없는 제도로 인해 고통받는 단계에 머물러 있다고 할 수 있다. 결국 사회적 관계로부터, 또 제도로부터 상처받은 개인은 현실을 감내하면서 살아가든가, 아니면 상처를 회복하기 위해 개인의 조건에 상관없이 환대하는 장소로 떠나든가 선택해야 한다.

# 6. 환대하는 도시: 자치제, 자치구 비교

## 불안과 사회 단절

불안과 사회적 관계를 살펴보면, 사회적 패닉을 구성하는 또 다른 면모를 살펴볼 수 있다. 전반적으로 불안과 사회 단절의 관계는 정적인 상관관계에 가깝다. 사회 단절은 (1) 급할 때 도움을 요청하고 감정적 지지를 받을 수 있는 결속적 사회자본, (2) 새로운 정보와 기회를 획득할 수 있는 연계적 사회자본, (3) 투표나 기부, 자원봉사와 같은 시민 참여로부터의 단절 내지는 결핍을 지칭한다. 불안이 높으면 사회단절 정도도 높아지는 경향이 있는데, 불안과 사회단절의 모습은 지역마다 다르게 나타난다. 인천, 경남, 서울, 울산은 불안이 높고 사회단절 또한 매우 높은 반면, 제주, 충북은 상대적으로 불안과 사회단절이 낮은 편이다. 또 강원은 불안의 정도가 낮지만 사회단절의 정도가 높은 특성을 보이는 반면, 광주, 대전, 전남은 불안의 정도는 높지만 사회단절의 정도는 낮은 것으로 나타났다. 여기서 불안은 높지만 사회단절이 낮은 지역과 높은 지역을 주목해보면, 서울과 같이 구성원의 이질성이 높은 사회에서는 불안이 서로 간 단절과 소외를 더욱 강화한다고 할 수 있다. 그런데 보수 성향의 동질성이 높은 대구, 경북 지역에서는 불안은 상대적으로 낮지만 사회단절 정도는 높다. 이는 강력한 동질성은 폐쇄적 공동체를 형성하여 이로부터

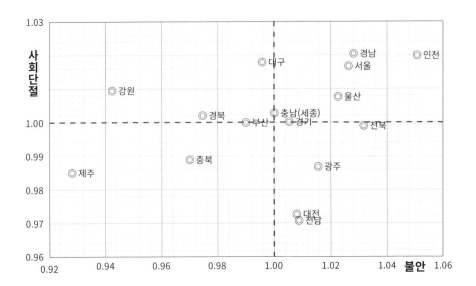

<그림 IV-6-1> 불안과 사회단절의 지역 분포

분리된 개인을 양산할 수 있다.

## 불안과 타자에 대한 불인정

타자에 대한 불인정은 수많은 기준에 따라 정상적 범주의 사람들을 선별하고, 그 범주에 들지 못하는 사람들을 사회적 기회와 권리로부터 배제하고자 하는 것을 의미한다. 한국 사회에서 사회적 관계 차원에서 차별과 배제의 대상이 되는 타자, 즉 마이너리티를 생산한다는 점에서 마이너리티에 대한 차별은 그 사회의 인정 혹은 불인정의 수준을 보여

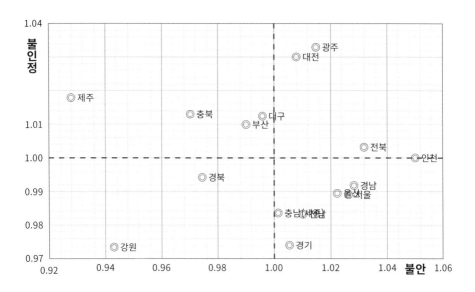

준다고 할 수 있다.

그러면 현재 불안의 증가가 타자에 대한 불인정으로 나타나는가를 살펴본 결과 이 둘 간의 관계가 명확히 일치하지는 않는다. 다시 말해 개인이 체감하는 불안의 수준이 높다고 직접적으로 타자에 대한 차별의 태도로 표출된다고 볼 수는 없다. 따라서 불안과 불인정의 지역 분포는 <그림 IV-6-2>와 같이 일정한 경향성을 보이지 않는다. 울산, 서울, 경기와 같이 이질성이 높은 지역에서 불안은 타자에 대한 관여보다는 오히려 무관심의 태도가 더 일반적이라고 볼 수 있다.

요컨대, 불안은 막연한 정서 상태이기 때문에 개인적 수준에서 사회 자본의 축소와 사회참여 감소와 같은 방어적 전략으로 나타나지만, 관계적 수준에서 타자를 차별하고 배제하는 적극적인 태도로 나타나지는 않는다. 하지만 불안이 자기 삶의 통제감 상실과 같은 고통으로 체험될 때, 혹은 무한 경쟁의 가치를 내면화하게 될 때 타자에 대한 차별로 표출되는 경향이 있다(석승혜·장안식, 2016). 다시 말해 불안은 삶의 특정 조건들과 결합하여 타자에 대한 차별과 배제로 표출된다는 것이다. 이러한 점에서 항상 불안은 불인정의 잠재태이다.

## 불안과 품위 없는 제도

불안과 제도와의 관계를 살펴보면, 불안은 개인의 안전, 권리, 자유, 노동을 보호하지 못하고 모욕감을 안겨주는 품위 없는 제도와 정적 상관관계를 나타낸다. 다시 말해, 불안이 높은 지역일수록 개인을 보호해주는 제도의 수준이 낮고, 제도의 수준이 낮다고 느끼는 개인들이 많은 지역일수록 불안이 높다고 할 수 있다. 대표적으로, 서울, 울산, 경남, 대구의 구성원들은 제도적 보호 수준이 매우 낮은 것으로 인식하며, 불안 역시 매우 높게 느끼고 있다. 이러한 결과는 사회적 제도적 미비, 즉 품위 없는 제도는 주관적인 불안을 증폭시킬 수 있음을 의미한다.

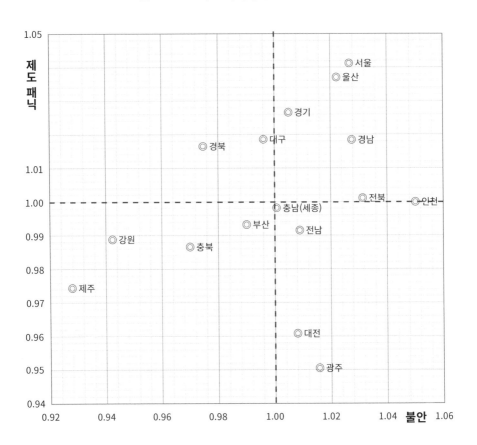

<그림 IV-6-3> 제도 패닉과 불안의 지역 분포

## 불안과 패닉 소사이어티

　지금까지 우리는 고도의 불안으로 인해 개인이나 집단은 도덕적 패닉 상태에 몰리게 되며, 그러한 불안이 사회로부터 개인을 단절시키고 나아가 타인에 대한 불인정과 품위 없는 제도와 개인을 연결시킬 수 있음을

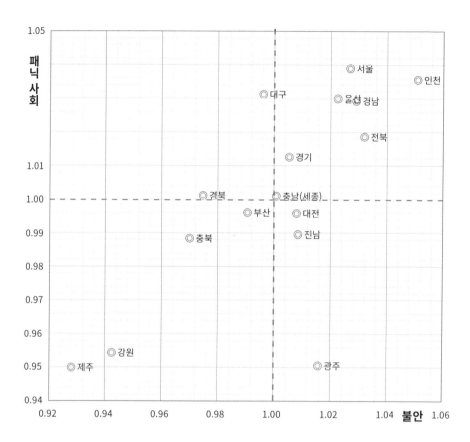

<그림 IV-6-4> 패닉 사회와 불안의 지역 분포

보았다. 이 같은 요소들이 모두 중첩된 사회를 '패닉 소사이어티(Panic Society)'라고 했을 때, 한국의 16개 지자체의 분포는 아래와 같다.

　<그림 IV-6-4>를 보면 상위로 올라갈수록 전체 사회의 패닉 수준이 높으며, 아래로 갈수록 그 반대다. 좀 더 구체적으로 살펴보면 서울이 가장 높은 패닉 소사이어티의 특성을 보이고 있으며, 다음으로 인천, 울산,

경남, 대구, 전북의 순이다. 반면 제주는 가장 낮은 패닉 소사이어티의 수준을 보이며, 그다음으로 강원, 충북, 전남, 대전의 순으로 나타났다.

　패닉 소사이어티 수준을 불안과 관련하여 살펴보면, 양자 간에는 정적인 상관관계를 나타낸다. 이는 불확실성과 불평등이 상존하는 한국 사회에서 개인이 주관적으로 느끼는 불안이 증가하게 되고, 불안의 증가는 개인·집단·제도의 모든 차원이 취약해지는 패닉 소사이어티로 사회의 전개를 불러온다. 사람들은 불안으로 야기되는 고통이 개인의 노력이나 재능으로 극복할 수 없다고 느낄 때 새로운 장소를 열망한다. 앞서 10년 동안 살고 싶은 도시의 변화 양상에서 서울에 대한 선호도가 절반가량으로 대폭 하락하고 제주가 급부상한 것은 이 같은 욕구를 반영한 것이다. 관용성이 높은 지역은 다양한 인종과 취향, 결혼 등에 대한 차별이 없으며, 그러한 생활양식이 공존할 수 있는 제도적 환경이 존재한다(Boschma and Fritsch, 2009). 이와 같이 문화적 다양성을 환대하는 도시는 사람들을 유인하며, 다양한 인력이 유입된 도시는 새로운 생산과 소비시장을 창출할 수 있는 토대와 기회를 제공하게 되는 것이다.

# V. 결론을 대신하여: 패닉의 사회적 비용

한국 사회는 위기에 처해있다. 하지만 위기를 자각하고 있으나 그것을 극복할만한 자원과 희망이 없는 상태도 지속되고 있다. 외부적인 위기로 인해 내적인 패닉 상태는 지속되나 그 패닉을 해결할 수 있는 용기와 그 조건들은 생성되고 있지 않다. 패닉은 미제의 과제가 지속되면서 만성화되었다. 외부조건에 의한 선택의 강요보다 더 힘든 상황이 어떤 선택을 강요하고 있는지조차 파악할 길이 없을 때이다. 합리적 선택을 할 수 있는 '사고의 대역폭'이 사라지면 정서는 불안을 넘어 반복되는 강박 상태로 접어든다. 몰락하는 개인은 사회에 기대어보지만 사회는 이미 개인보다 더 몰락하고 있다. 기댈 곳 없는 개인은 생존이라는 하나의 목표를 향해 나아가야만 한다. 개인은 사회 속으로 나아가지만 사회는 이미 경쟁을 기치로 내건 시장에 의해 재조직되었다. 경쟁 시스템에 의해 통치받는 개인은 생존을 위해 경쟁에 적응해야만 한다.

그러나 문제는 개인의 몰락보다 더 심각한 사회의 몰락이다. 공동체의 연대가 몰락하면서 신뢰가 사라지고 신뢰의 쇠퇴는 교환의 등가성을 파괴하면서 시장으로부터 이익을 얻는 최소한의 안전판까지 사라지게 되었다. 그것은 저출산으로 나타나고 있다. 경쟁으로 조직화된 사회에서 생존을 위협받는 개인은 생존 그 자체를 위해 배려와 봉사, 희생의 영역을 최소화시키고 있다. 경쟁은 가장 합리적으로 사회를 재편한다며 효율성을 심화시키고 있지만 인력자원을 위한 보호막이 작동하지 않으면서 시장 자체, 경쟁 자체가 정글화 되어 개인은 열자필멸의 위기에 처하고 있다. 새로운 방식의 '비동시성의 동시성'이, 즉 '합리적 선택의 비합리적 결과'가 일어나고 있는 것이다.

경쟁적 가치의 심화는 선택의 강박을 불러오고 그것은 전통과의 충돌, 낭만과의 충돌을 불러일으키고 있다. 딜레마적 상황은 도덕적 패닉을 만성화한다. 선택을 해야 하는 압박 속에서 선택 대상들이 다변화하면서 통약 불가능하고 비교 자체가 불가능한 선택의 상황에 처하게 된다. 합리적 선택은 불가해지고 패닉 상태로 접어든다. 예컨대 어떤 처녀에게 빵과 옷을 놓고 하나를 선택하라고 하면 어렵지 않겠지만, 좋은 직장과 좋은 결혼 상대 중 하나를 고르라고 하면 아주 어려운 상황이 된다. 둘 다가 개인이 도덕적으로 충족해야 할 압박으로 다가오기 때문이다. 그런 결정이 미결정 상태로 장기화되고 두 마리 토끼를 모두 잡으려고 하면 번아웃되고 만다. 한국의 상황은 일부 계층을 제외한다면 그 두 가지를 동시에 가질 수 있는 계급은 거의 없다. 자신이 중산층이라고 생각하는 부류는 오히려 그 두 가지를 다 포기하지 못하면서 스스로 하층민이라고 생각하는 사람보다 더욱 큰 불안함에 시달린다. 미래에 대한 두려움은 좋은 직장을 위해 열심히 밤낮없이 일하려고 하고 좋은 결혼을 위해 또 밤낮없이 찾아다니게 한다. 여기에 좋은 부모 되기까지 끼게 된다면 정신적 상태는 가히 패닉 상태이며 이는 만성화된다. 사회는 패닉 상태를 완충하기보다는 오히려 모든 것을 완수하기를 압박하고 있다.

그러한 결정압박의 만성화는 청소년기부터 시작된다. 우수한 성적과 좋은 친구 되기의 병존은 사실상 불가능한데도 압박으로 다가온다. 이 두 가지를 다 잡기란 불가능한 것이고, 그래서 공부를 중심에 두는 사람들은 공부를 혼자 해야 하고 혼자 공부하려면 좋은 친구가 되기는 어렵다. 최근 남녀공학 학생들이 그렇지 않은 단일성별 학교에 다니는 학생보다 수능성적이 떨어진다고 발표되었다. 그래서 많은 학부모들이 남녀 공학을 기피하고 있다. 교육의 목표는 수능점수인가, 아니면 다양성을 인정하는 것인가. 이 둘은 통약 불가능함에도 불구하고 교육은 이 둘을 다 잡아야 한다고 어린 학생들을 부추긴다. 물론 경쟁을 촉구하는 사회는 다양성보다는 수능을 목표로 두며, 좋은 부모보다는 좋은 직장을 우선시한다. 직장에서 최고의 자리에 올라간 사람들 중에 '육아하는 아줌마가 없다'는 것이 이를 방증한다. 결국 경쟁의 격화는 저출산을 초래했다. 최소한의 물질적 자원을 가진 세대들이 할 수 있는 최대한의 지원을 스스로에게 하거나 한 명의 아이에게만 집중하고 있는 상황이 된 것이다. 그럼에도 여전히 좋은 부모가 되라는 요구 또한 지속되고 있다. 좋은 직장을 위해 고군분투하는 사람들도 결혼에 대한 압박감으로 불안하다. 좋은 직장에서 얻을 만한 어떤 행복은 좋은 결혼, 좋은 부모, 좋은 가족에 대한 압박으로 인해 매일의 출퇴근이 즐겁지 않고 일상의 강박으로 변하고 만다.

플라톤은 <국가론>에서 기쁨은 고통과 통한다고 했다. 기쁨은 순수하지 않다. 고통과 혼합되어 있다. 가려움을 긁는 것은 육체의 고통이 수반된 육체적 기쁨의 예이다. 물을 마시는 것은 목이 탈 때 마시게 된다. 기쁨은 열이 있는 사람들이 그의 목마름을 가시게 하는 것으로부터 얻어진다. 그래서 기쁨은 질병의 상태이다. 기쁨은 고통을 수반한다. 욕구는 육체의 저해 상태이다. 욕구에 기반을 둔 기쁨은 고통을 수반해야 하기 때문에 진정한 기쁨이라 할 수 없다. 가려움증에 하루 종일 등을 긁은 것에 대해 하루 종일 기분이 좋았다고 표현하기 어려운 것과 같다. 반면 순수한 기쁨들은 아름다운 형상들과 색깔을 보는 것이고 아름다운 음색을 듣는 것이고 즐거운 향기를 맡는 것이다. 그런 것들은 원하는 욕구 없이 앞서가는 것이고 그러므로 고통에서 자유롭다. 취향의 즐거움과 배우는 즐거움도 그와 같다.

그래서 삶의 질, 웰빙을 평가할 때도 이러한 기본적 욕구와 기호적 요구를 구분할 수 있어야 한다. 기본적 욕구로서 가장 근본을 구성하는 '허기를 채운다는 것'은 늘 허기를 채울 수 없는 상태를 염두에 두고 허기를 채우는 행위를 하는 것이다. 그래서 허기를 현재에는 채우고는 있지만 미래에는 '허기를 채울 수 없을 수도 있다'는 걱정은 바로 현재에 고통을 부여한다. 허기는 소크라테스가 말한 가려움증과 같아서 가려움증에 하루 종일 긁었다고 행복하지 않은 것처럼, 하루의 허기를 채웠다고 해서 기쁘다고 할 수는 없는 것이다. 허기에 대한 안위를 완전히 보장받을 때만이 허기를 채워야 한다는 욕구가 사라져 허기로부터의 고통은 사라진다.

그런데 본 연구의 결과는 허기와 관련해 가히 충격적이다. 여전히 인구의 반 이상의 사람들이 '굶는 것에 대해' 걱정하고 있는 것이다. 물론 그들 대부분은 현재 굶지 않고 있겠지만 허기에 대한 걱정을 내려놓지는 못하고 있는 것이다. 이것의 원인은 어떤 형태로든 일자리를 구할 수 있다는 것에 대한 확신을 하지 못하는 사람이 60%를 훨씬 상회한다는 것으로 연결된다. 하위 60%의 사람들에게 일자리는 일의 보람을 찾기 이전에 '굶어 죽지 않기 위한' 생존의 문제로, 그리고 그것이 해결되지 못할 기미가 항속화되면 제한된 일자리를 서로 빼앗는 경쟁의 확대로 만성적인 도덕적 패닉 상태가 지속될 것이다.

한국 사회에서 도덕적 패닉의 불균등성은 공정성의 개념에서 더욱 잘 드러난다. 무엇보다도 공정성의 개념은 약자를 위한 가치라는 개념과 동시에 강자들에 의한 단순 기회균등도 포함하고 있다. 높은 서열을 점하고 있는 사람이, 특히 상층의 남성이 공정성을 주장함으로써 기존의 기득권에 대한 저항을 받아들이지 않겠다는 것이다. 특히, 상층계급일수록 수평적 개인주의와 수직적 집단주의가 공존하는 상황이 지속되고 있는데 이는 배려와 공정에 대한 요구가 기득권을 사수하겠다는 의지로 연결된다는 것을 뜻한다. 이는 부자들이 그들의 엘리트 서클 외 다른 사람들을 신뢰할 필요가 없다는, 그래서 소득불평등은 신뢰의 부재와 연결된다는 리처드 윌킨슨의 <평등이 답이다(The Spirit Level)>에서의 분석과 일치한다.

반면 마이너리티에 대한 태도는 세대별로 큰 차이를 보이며 20대와 30대 젊은 청년층에서 인정지수가 높게 나오고 있어 문화적 다양성을 추구하는 젊은 세대들이 도덕적인 가치에 있어서는 오히려 중장년층보다 우월한 의식을 보유하고 있음을 확인할 수 있었다. 이는 청년세대들이 꼰대를 말하며 장년층과 가치적 괴리를 보이고 있는 것이 실제 사회적 사실로서 정당화될 수 있음을 나타내고 있다. 이러한 사회적 추세는 가정으로까지 반영되어서 자식과 부모 간에, 특히 아버지와 아들 간에 소통이 부재한 이유와도 상통한다. 아버지는 그 세대의 꼰대 되기처럼 자식 간에도 소통의 부재를 불러오는데 이는 앞서 분석되었듯이 과도한 서열의식에 배려심이 부족한 사람이 되어가는 것이다.

본 조사에 따르면 한국은 아버지의 문제를 넘어 여전히 남성의 문제가 크다. 여기서 남성은 단순히 여성을 차별하는 수준의 문제가 아니라 타인에 대한 태도 등 도덕적 흠결에서 지속적으로 문제를 발생시키고 있다. 배려 없고, 위계적이며, 꼰대스럽고, 무시하며, 분노조절을 할 줄 모르는 사람은 모두 남성이다. 이는 좌우라는 정치적 이데올로기보다 더 강력하게 한국 사회를 장악하고 있다. 이로 인해 여성이 겪는 불안과 좌절은 더 크다. 밤길을 걷는 두려움에서부터 일자리와 허기에 이르기까지 생활 전반에서 불안의 그림자는 여성들에게 더욱 크게 드리운다. 한국 사회 여성의 상황은 일상의 배려에서부터 육아를 하고 일을 하는 모든 과정을 더욱 무겁게 만들고 있다. 최근 한국 사회의 페미니즘 열풍은 이러한 여성의 불안을 반영하고 있어 여성이 일방적인 피해자로 처한 사건이 발생할 경우 그것의 합리적인 판단을 넘어 집단적 공황을 불러와 더욱 큰 사회적 파장을 일으키고 있다. 챔블리스가 일상의 상호작용에서 정서적 에너지가 많은 사람을 쫓아가는 '탁월함의 일상성'을 말한 것과는 반대로 한국 사회는 불안과 무시, 모멸로부터 정서적 에너지를 박탈당한 사람들의 '패닉의 일상성'으로 무겁게 짓눌려 있다.

　산업화와 민주화 그리고 정보화까지 세계사의 발전국가모델이었던 한국이 외환위기 이후 불평등의 심화로 삶의 질에 있어 최악의 국가로 급격히 추락한 것은 안타까운 일이지만, 이러한 위기로부터 벗어나며 또다시 저력을 갖춘 국가임을 다시 한 번 세계사에 증명할 수 있는 새로운 도전의 장일 수도 있다. 이를 위해서는 지금 우리 사회에 퍼진 우울과 무기력이 '패닉의 일상성'에서 유래하고 있는 것임을 인식하는 것으로부터 출발해야 할 것이다.

# 참고문헌

강준만. 2016. 『생각과 착각』. 인물과 사상사.

강준만. 2017. 『감정 동물』. 인물과 사상사.

고모리 요이치. 2015. 『인종차별주의』. 배영미 역. 푸른역사.

권현지·김영미·권혜원. 2015. 저임금 서비스 노동시장의 젠더 불평등. 「경제와사회」, 107, 44-78.

김남옥 · 유승호 · 김문조 · 장안식 · 석승혜. 2017. 마이너리티 차별과 인정 갈등: 서울시 자치구 비교를 중심으로. 「사회사상과 문화」, 20(2), 209-250.

김용민. 2009. 너희에겐 희망이 없다. 충남대학교 학보. 2009년 6월 8일자.

김문조·박형준. 2012. 불확실성의 시대, 불안한 한국인. 「사회와이론」, 611-643.

김문조 · 강원택 · 함인희 · 윤성이 · 김남옥 · 김태호. 2015) 한국형 사회갈등 실태진단 2 차 연구: 한국 사회 갈등 구조의 진단과 해법. 국민대통합위원회.

김문조. 2016. 행복 상자의 심실(心室)을 확장하자. 「한겨레21」, 제1110호.

김문조 · 김남옥. 2017. 내부자적 시각으로 본 한국 사회의 계급갈등. 「담론201」, 20(2), 7-42.

김상학. 2004. 소수자 집단에 대한 태도와 사회적 거리감. 「사회연구」, 5, 169-206.

김수정·최샛별. 2012. 문화강좌를 통해 본 서울 강남과 강북의 문화취향. 「문화경제연구」, 15(1), 3-29.

김애란. 2005. 「나는 편의점에 간다」, 『달려라, 아비』, 창비.

김영희. 2010. 푸코와 '바깥(le dehors)'의 사유. 「인문학논총」, 15(3). 73-96.

김유선. 2015. 한국의 노동시장 진단과 과제. 한국노동사회연구소 이슈페이퍼, 6.

김윤명. 2009. 청소년과 성인이 지각하는 한국인의 특성. 「청소년문화포럼」, 21(1), 10-44.

김종률. 2017. 『회사인간, 회사를 떠나다: 꼰대는 만들어지는 것이다』. 스리체어스.

김혜경. 2013. 부계 가족주의의 실패?. 「한국 사회학」, 47(2), 101-141.

김희삼. 2015. 노후보장을 위한 가족, 정부, 사회의 역할. 한국개발연구원, KDI FOCUS. 통권 제52호.

남수정. 2007. 소비자의 개인/집단주의 성향과 소비가치가 소비에 대한 자기조절에 미치는 영향. 「소비문화연구」, 10, 59-86.

더글라스, 메리. 1997. 『순수와 위험』. 유제분 역. 현대미학사.

뒤르켐, 에밀. 2008. 『에밀 뒤르켐의 자살론』. 황보종우 역. 청아출판사.

레이코프, 조지. 2007. 『프레임 전쟁: 보수에 맞서는 진보의 성공전략』. 나익주 역. 창비.

마갈릿, 아비샤이. 2008. 『품위있는 사회』. 신성림 역. 동녘.

메르클레, 하이드룬. 2005. 『식탁 위의 쾌락』. 신혜원 역. 열대림.

모레티, 엔리코. 2014. 『직업의 지리학 : 소득을 결정하는 일자리의 새로운 지형』. 송철복 역. 김영사.

바우만, 지그문트. 2009. 『액체 근대』. 이일수 역. 강.

바우만, 지그문트. 2010. 『모두스 비벤디 : 유동하는 세계의 지옥과 유토피아』. 한상석 역. 후마니타스.

바우만, 지그문트. 2012. 『고독을 잃어버린 시간』. 조은평·강지은 역. 동녘.

박병현·최선미. 2001. 사회적 배제와 하층계급의 개념 고찰과 이들 개념들의 한국빈곤정책에의 함의. 「한국 사회복지학」, 45, 185-219.

박지영. 2018. 조직내 군대문화 "없어져야 할 적폐" vs. "팀워크 위해 필요". 파이낸셜뉴스. 2018년 1월 14일자.

박주언, 이희길. 2013. 국내 나눔실태 2013. 통계개발원.

박형신. 2017. 식사와 사회적 연대. 「사회사상과 문화」, 20(3), 133-180.

박효민·김석호. 2015. 공정성 이론의 다차원성. 「사회와이론」, 219-260.

백승호. 2014. 서비스경제와 한국 사회의 계급, 그리고 불안정 노동 분석. 「한국 사회정책」, 21(2), 57-90.

사센, 사스키아. 2016. 『축출 자본주의』. 박슬라 역. 글항아리.

석승혜·김남옥. 2019. 불안한 사냥꾼의 사회: 우리는 왜 서로를 혐오하는가. 북저널리즘.

석승혜·장안식. 2016. 한국 사회의 마이너리티 생산과 차별태도. 「한국 사회」, 17(1), 81-122.

세넷, 리처드. 2004. 『불평등 사회의 인간존중』. 유강은 역. 문예출판사.

스탠딩, 가이. 2014. 『프레카리아트 : 새로운 위험한 계급』. 김태호 역. 박종철출판사.

심영희. 2011. '21 세기형 공동체 가족' 모델의 모색과 지원방안. 「아시아여성연구」, 50(2), 7-44.

아카기 도모히로 외. 2016. 『98%의 미래, 중년파산』. 류두진 역. 위즈덤하우스.

아파두라이, 아르준. 2011. 『소수에 대한 두려움 : 분노의 지리학』. 장희권 역. 에코리브르.

에런라이크, 바버라. 2012. 『노동의 배신』. 최희봉 역. 부키.

유제분. 1996. 메리 더글라스의 오염론과 문화 이론. 「현상과인식」, 20(3), 47-63.

윤명숙·조혜정. 2007. 지역사회 노인의 음주행위, 문제음주 실태와 관련요인에 관한 연구. 「정신보건과 사회사업」, 26, 254-287.

이나가키 에미코. 2017. 퇴사하겠습니다. 김미형 역. 엘리.

이윤경. 2014. 노인의 가족 형태 변화에 따른 정책과제: 1994~2011년의 변화. 「보건복지포럼」, 211(0), 45-54.

이지현. 2010. 음주실태 및 음주문제에 대한 국민인식 조사연구. 한국음주문화연구센터.

임인숙·김민주. 2012. 한국 다이어트 서바이벌 프로의 비만 낙인 재생산. 「한국여성학」,

28(4), 1-38.

장성숙. 2004. 한국문화에서 상담자의 초점. 「한국심리학회지: 사회 및 성격」, 18(3), 15-27.

장안식. 2012. 범죄피해에 대한 대중의 두려움: 개인적 두려움(personal fear)과 대리 두려움(vicarious fear)의 비교. 「피해자학연구」, 20(2), 87-119.

장예빛·이혜림·김민철·유승호·정의준. 2013. 부모의 양육태도와 청소년의 주관적 계층감이 게임중독에 미치는 영향에 관한 연구. 「한국게임학회 논문지」, 13(6), 53-64.

전상인. 2014. 『편의점 사회학』. 민음사.

정철. 2017. 『꼰대 김철수』. 허밍버드.

정근식. 2012. 노숙인 담론과 제도의 역사적 변동. 『한국의 노숙인』. 구인회·정근식·신명호 편저. 서울대학교출판문화원.

정수남. 2014. 잉여인간, 사회적 삶의 후기자본주의적 논리. 「한국 사회학」, 48(5), 285-320.

정현용. 2018. 국가지급 보장돼야 '용돈연금' 꼬리표 뗀다. 서울신문, 2018년 1월 6일자.

조세형·이용민·김정훈. 2017. 인구고령화가 가계의 자산 및 부채에 미치는 영향. Bank of Korea 경제연구 2017-27, 1-43.

조은경. 1997. 범죄에 대한 두려움에 영향을 미치는 요인들. 「한국심리학회지: 사회 및 성격」, 11(2), 29-51.

주성수. 2003. 『사회 복지 정책: 빈곤, 실업, 노후에 대한 사회 보장』. 한양대학교 출판부.

짜우포충. 2017. 『국가의 품격은 어떻게 만들어지는가』. 남혜선 역. 더퀘스트.

최상진·김기범. 1999. 한국인의 Self 의 특성. 「한국심리학회지: 사회 및 성격」, 13(2), 275-292.

카르본, 준·칸, 나오미. 2016. 『결혼 시장: 계급, 젠더, 불평등 그리고 결혼의 사회학』. 김하현 역. 시대의 창.

한국노동사회연구소. 2018. 비정규직 규모와 실태: 통계청, 경제활동인구조사 부가 조사. KLSI 이슈페이퍼.

한국노동연구원. 2008. 중고령자 노동시장 국제비교연구. 한국노동연구원 연구보고서.

한국보건사회연구원. 2016. 한국통합 실태 진단 및 대응 방안(III): 사회통합 국민 인식. 한국보건사회연구원 연구보고서.

한규석·신수진. 1999. 한국인의 선호가치 변화-수직적 집단주의에서 수평적 개인주의로. 「한국심리학회지: 사회 및 성격」, 13(2), 293-310.

한민·서신화·이수현·한성열. 2013. 한국인의 자존심 개념과 특성에 대한 연구. 「한국심리학회지: 문화및 사회문제」, 19(2), 203-234.

한병철. 2012. 『피로사회』. 김태환 역. 문학과 지성사.

한성열·안창일. 1990. 집단주의와 나이, 교육, 결혼 및 주거 형태와의 관계. 「한국심리학회지: 사회 및 성격」, 5(1), 116-128.

한인섭. 2000. 왜 '소수자, 약자의 인권'인가. 한국인권재단 편. 『일상의 억압과 소수자의 인권』. 서울: 사람생각.

해먼드, 클라우디아. 2007. 『감정의 롤러코스터』. 이상원 역. 사이언스북스.

헤니, 다니엘·코브체, 필립. 2016. 『기본소득, 자유와 정의가 만나다: 스위스 기본소득운동의 논리와 실천』. 원성철 저. 오롯.

현대경제연구원, 2018. 싱글족(1인가구)의 경제적 특성과 시사점: 젊은층은 주거불안, 고령층은 소득불안. 현대경제연구원. 통권 654호.

호네트, 악셀·프레이저, 낸시. 2014. 『분배냐, 인정이냐?: 정치철학적 논쟁』. 김원식·문성훈 역. 사월의책.

홍세화, 2003. 그대 이름은 '무식한 대학생'. 한겨레 신문. 2003년 2월 18일자.

후루이치 노리토시. 2014. 『절망의 나라의 행복한 젊은이들』. 이언숙 역. 민음사.

후지타 다카노리. 2016. 『2020 하류노인이 온다』. 홍성민 역. 청림출판.

후지타 다카노리. 2017. 『과로 노인』. 홍성민 역. 청림출판.


Alcoff, L. M., & Mohanty, S. P. 2006. Identity politics reconsidered: An introduction. Identity politics reconsidered, 1-9.

Auletta, K. 1982. The Under-class. Random House Publishing.

Bogardus, E. S. 1933. Measuring public opinion. Sociology and Social Research,

17(5), 464-469.

Boschma, R. A., & Fritsch, M. 2009. Creative class and regional growth: Empirical evidence from seven European countries. Economic geography, 85(4), 391-423.

Bourdieu, P. 1986. The Forms of Capital. pp. 241~258 in J. G. Richardson(ed.). Handbook of Theory Research the Sociology of Education. Greenwood Press.

Brownmiller, S. 1984. Femininity. Linden.

Brynjolfsson, E., McAfee, A., & Spence, M. 2014. New world order: labor, capital, and ideas in the power law economy. Foreign Affairs, 93(4), 44-53.

Bursik, R. J. & Grasmick, H. 1993. Neighborhoods and Crime: The Dimensions of Effective Community Control. New York: Lexington Books.

Cancino, Jeffrey M. 2005. The Untility of Social Capital and Collective Efficacy: Social Control Policy in Nonmetropolitan Settings. Criminal Justice Policy Review, 16: 287-318.

Chen, C. C., Chen, X. P., & Meindl, J. R. 1998. How can cooperation be fostered? The cultural effects of individualism-collectivism. Academy of management review, 23(2), 285-304.

Cohen, S. 1972. Folk Devils and Moral Panics. London: Paladin.

Coleman, J. 1988. Social Capital in the Creation of Human Capital. American Journal of Sociology 94: S95~S120.

Danziger, S., & Rouse, C. 2007. The price of young adulthood. New York, NY: Russell Sage Foundation.

Furstenberg, F. 1971. Public Reaction to Crime in the Streets. American Scholar, 40: 601-610.

Garland-Thomson, R. 2002. Integrating disability, transforming feminist theory. NWSA journal, 1-32.

Garofalo, J. & Laub, J. 1978. The Fear of Crime: Broadening Our Perspective. Victimology, 3, 242-253.

Gibson, C. L., Zhao, J., Lovrich, N. P., & Gaffney, M. J. 2002. Social Integration, individual perceptions of collective efficacy, and fear of crime in three cities. Justice Quarterly, 19(3), 536-563.

Girling, E., Loader, I. & Sparks, R. 2000. Crime and Social Change in Middle England. London: Routledge.

Goffman, E. 1963. Stigma: Notes on a spoiled identity. Jenkins, JH & Carpenter.

Graham, J., Haidt, J., & Nosek, B. A. 2009. Liberals and conservatives rely on different sets of moral foundations. Journal of personality and social psychology, 96(5), 1029.

Graham, K., & Schmidt, G. 1999. Alcohol use and psychosocial well-being among older adults. Journal of Studies on Alcohol, 60(3), 345-351.

Granovetter, Mark S. 1973. The strength of weak ties. American Journal of Sociology, 78, 1360-1380.

Gray, E., Jackson, J. & Farrall, S. 2008. Reassessing Fear of Crime in England and Wales. European Journal of Criminology, 5(3), 309-336.

Greenberg, S.W. 1986. Fear and Its Relationship to Crime, Neighborhood Deterioration, and Informal Social Control. in M. Byrne and R.J. Sampson (eds.) The Social Ecology of Crime, New York: James Springer-Verlag.

Hale, C. 1996 Fear of Crime: A Review of Literature. International Review of Victimology, 4:79-150.

Herek, G. M., Capitanio, J. P., & Widaman, K. F. 2002. HIV-related stigma and knowledge in the United States: prevalence and trends, 1991–1999. American journal of public health, 92(3), 371-377.

Hofstede, G. 1980. Culture and organizations. International Studies of

Management & Organization, 10(4), 15-41.

Hofstede, G. 1983. The cultural relativity of organizational practices and theories. Journal of international business studies, 14(2), 75-89.

Holloway, W. & Jefferson, T. 1997. The Risk Society in an Age of Anxiety: Situating Fear of Crime. British Journal of Sociology, 48(2), 255-266.

Holloway, W., & Jefferson, T. 2000. The Role of Anxiety in Fear of Crime in Everyday Life. Crime, Risk and Insecurity: Law and Order in Everyday Life. London: Routledge.

Jost, J. T., Glaser, J., Kruglanski, A. W., & Sulloway, F. J. 2003. Political conservatism as motivated social cognition. Psychological bulletin, 129(3), 339.

Julier, A. P. 2013. Eating together: Food, friendship and inequality. University of Illinois Press.

Lamont M. 2001. Symbolic boundaries. International Encyclopedia of the Social and Behavioral Sciences, ed. N Smelser, P Baltes. Oxford: Elsevier.

Lamont, M., & Molnár, V. 2002. The study of boundaries in the social sciences. Annual review of sociology, 28(1), 167-195.

Lee, M. 2007. Inventing Fear of Crime: Criminology and the Politics of Anxiety. Devon: Willan.

Lin, Nan. 1999. Social Networks and Status Attainment. Annual Review of Sociology 25: 467~487.

Lin, Nan. 2000. Inequality in Social Capital. Contemporary Sociology 29(6): 785~795.

Lin, Nan. 2001. Social Capital: A Theory of Social Structure and Action. New York: Cambridge University Press.

Link, B. G., & Phelan, J. C. 2001. Conceptualizing stigma. Annual review of Sociology, 27(1), 363-385.

Lupton, D. & Tulloch, J. 1999. Theorizing Fear of Crime: Beyond the rational/ irrational opposition. British Journal of Sociology, 50(3), 507-523.

Lupton, D. 1999 Dangerous Places and the Unpredictable Strangers. Australian and New Zealand Journal of Criminology, 32(1): 1-15.

Mandeville, B. 1989. The fable of the bees. Penguin UK.

McClosky, H., & Zaller, J. 1984. The American ethos: Public attitudes toward capitalism and democracy. Harvard Univ Pr.

Merry, S. 1981. Urban Danger: Life in a Neighborhood of Strangers. Philadelphia, PA: Temple University.

Millman, M. 1980. Such a pretty face, being fat in America. Norton.

OECD. Publishing. 2015. In it together: Why less inequality benefits all. OECD publishing.

Portes, A. 1998. Social Capital, Its Origins and Applications in Modern Sociology. Annual Review of Sociology 24: 1-24.

Puhl, R. M., & Heuer, C. A. 2010. Obesity stigma: important considerations for public health. American journal of public health, 100(6), 1019-1028.

Putnam, Robert D. 1993. Making Democracy Work: Civic Traditions in Modern Italy. Princeton, NJ: Princeton University Press.

Putnam, Robert D. 2004. Bowling together. OECD Observer. Retrieved from: http://www.oecdobserver.org/news/fullstory.php/aid/1215/Bowling_together. htm

Sampson, R. J. & Wilson, W. J. 1995. Toward a Theory of Race, Crime, and Urban Inequality. In John Hagan and Ruth D. Peterson (eds.), Crime and Delinquency p.36-54. Stanford, CA: Stanford University Press.

Sampson, R. J., Morenoff, J. D., & Earls, F. 1999. Beyond social capital: Spatial dynamics of collective efficacy for children. American sociological review, 633-660.

Sampson, R. J., Raudenbush, S. W., & Earls, F. 1997. Neighborhoods and violent crime: A multilevel study of collective efficacy. Science, 277(5328), 918-924.

Scheingold, S. 1995. 'Politics, Public Policy and Street Crime', The Annals of the American Academy of Political and Social Science, 539: 155-168.

Sennett, R. 1998. The Corrosion of Character. New York: Norton and Co.

Skogan, W. 1986. Fear of Crime and Neighborhood Change. Crime and Justice, 8: 203-229.

Skogan, W. and Maxfield, M. 1981. Coping with Crime, Beverly Hills, CA: Sage.

Smith, S. J. 1986. Crime, Space and Society. Cambridge: Cambridge University Press.

Snedker, K. A. 2006. Altruistic and Vicarious Fear of Crime: Fear for Others and Gendered Social Roles. Sociological Forum, 21(2), 163-195.

Taylor, I. and Jamieson, R. 1998 Fear of Crime and Fear of Falling: English anxieties approaching the millennium. European Journal of Sociology, 39(1): 149-175.

Taylor, R. B. 2001. Breaking Away from Broken Windows. Boulder, CO: Westview Press.

Triandis, H. C., & Gelfand, M. J. 1998. Converging measurement of horizontal and vertical individualism and collectivism. Journal of personality and social psychology, 74(1), 118.

Wacquant, L. J. 1995. Pugs at work: Bodily capital and bodily labour among professional boxers. Body & society, 1(1), 65-93.

Wacquant, L. J. 2009. Prisons of poverty (Vol. 23). U of Minnesota Press.

Westie, F. R. 1959. Social distance scales-a tool for the study of stratification. Sociology and Social Research, 43(4), 251-258.

Woolcock, M. 1998. Social capital and economic development: Toward a theoretical synthesis and policy framework. Theory and society, 27(2), 151-208.

Young, J. 1999. The Exclusive Society. London: Sage.

강원대학교 사회통합연구센터. BSI: Better Society Index. 2016-2018.

서울 서베이. 도시정책지표조사. 2016.

통계청. 국내 나눔실태 2013.

통계청. 한국복지패널조사 2005-2016.

OECD. OECD 한국경제보고서. 2016년 5월.

KBS 파노라마. "한국인의 고독사" 2014.5.22. / 2014.5.29.

KBS. "노인 22% 잠재적 알코올중독, 예방 필요" 2014.7.5.

민플러스. "청년문제 '꼰대'에겐 답이 없다." 2017.1.31.

서울신문. "노부모부양은 가족책임 인식, 12년새 70%에서 30%로 줄어" 2015.3.30.

연합뉴스. "퇴근후 상사와 술자리 고역 직장인들 회식도 '스트레스'." 2017.11.21.

유코리아. "불안정 노동, 한국 사회의 '프레카리아트'는 누구인가?" 2015.3.16.

조선비즈. "찌꺼기 노동인가? 1인 기업인가? 긱 이코노미(Gig Economy), 인스턴트 고용 시대 온다." 2016.12.6.

파이낸셜 뉴스. "국민 82% "내집 있어야…" 가구주 첫 주택마련 6.7년" 2017.4.25.

한겨레. "혼인신고 안한 동거커플 절반 차별·편견 경험" 2017.1.30.

한겨레. "지역별 '소득 양극화' 심화…울산 29배·세종 24배 격차" 2017.10.12.

한국갤럽, 한국인이 좋아하는 그 밖의 것들: 2004-2014. 2015.3.19.

한국일보. "정규직 시간제 3배 늘었지만… 정부 공언 "양질 일자리'는 줄어" 2015.1.9.

경향신문. "죽음, 가난, 착취… 편의점은 한국사회의 암울한 '소우주'" 2014. 1. 17.

오마이뉴스. "편의점을 알면 대한민국이 보인다." 2014.9.7.

# 데이터 소개

# 1. 전체 데이터 소개

## 1. 전체 데이터 소개

이 책의 주요 분석은 강원대학교와 한국리서치가 2014년부터 2017년까지 총 4회에 걸쳐 진행한 '한국 사회 갈등 실태 및 의식 조사' 설문 조사에 기반을 둔다. 전국 단위로 표집된 본 샘플의 규모는 14,210명이며, 세부 내용은 아래와 같다.

| | 2014 | 2015 | 2016 | 2017 |
|---|---|---|---|---|
| 표집틀 | 통계청 주민등록 인구현황 | | | |
| 샘플링 | 제곱근 비례할당 | 인구비례 | 인구비례 | 3,000명 기준 인구비례할당 + 서울 1,900명 추가 조사 |
| 샘플수 | 2,340명 | 3,370명 | 3,500명 | 5,000명 |
| 조사 지역 | 전국 | 전국 (제주제외) | 전국 | 전국 |
| 조사 방법 | 웹조사 | 대면면접 | 대면면접 | 웹조사 |

## 2. 연간 데이터 수집 방법 및 규모

### 1. 전체 데이터 소개

1차 연구는 2014년 1월 2일에서 1월 15일까지 총 14일 동안 전국 단위의 온라인 설문조사를 실시하였으며 총 2,340명의 응답 자료가 수집되었다. 설문의 표집 방법은 전국에서 지역, 성, 연령, 직업, 학력, 소득분포에서 통계적으로 대표할 수 있는 31만 명의 샘플 집단을 대상으로 하여 성별, 연령별, 지역별(전국 16개 권역)로 인구비례에 맞게 할당하여 추출하였다. 남성은 1,201명(51.3%), 여성은 1,139명(48.7%)으로 구성되었으며, 인구 사회적 특성은 다음의 표와 같다.

| | 구 분 | 빈도(명) | 비중(%) |
|---|---|---|---|
| 성별 | 남성 | 1,201 | 51.3 |
| | 여성 | 1,139 | 48.7 |
| 연령 | 10대 | 176 | 7.5 |
| | 20대 | 416 | 17.8 |
| | 30대 | 481 | 20.6 |
| | 40대 | 567 | 24.2 |
| | 50대 | 532 | 22.7 |
| | 60대 이상 | 168 | 7.2 |
| 학력 | 중졸 이하 | 68 | 2.9 |
| | 고등학교 졸업 | 640 | 27.4 |
| | 전문대 졸업 | 358 | 15.3 |
| | 대학교 졸업 | 1014 | 43.3 |
| | 대학원 졸업 | 260 | 11.1 |
| 월평균 가구소득 | 100만원 미만 | 234 | 10.0 |
| | 100~200만원 | 473 | 20.2 |
| | 200~400만원 | 820 | 35.0 |
| | 400~600만원 | 365 | 15.6 |
| | 600~1000만원 | 142 | 6.1 |
| | 1000만원 이상 | 20 | 0.9 |
| | 무소득 | 286 | 12.2 |
| 주관적 계층감 | 하층 | 436 | 18.6 |
| | 중하층 | 669 | 28.6 |
| | 중층 | 902 | 38.5 |
| | 중상층 | 284 | 12.1 |
| | 상층 | 49 | 2.1 |

2차 연구는 2015년 전국 단위의 대면 면접 설문조사를 실시하였으며 3,370명의 응답 자료가 수집되었다. 표집 방법은 통계청 주민등록 인구 현황을 표집 틀로 사용하여 인구비례 방식으로 전국에서 성별, 연령별, 지역별 (제주 제외, 전국 15개 권역)로 인구비례 할당하여 추출하였다.

| | 구 분 | 빈도(명) | 비중(%) |
|---|---|---|---|
| 성별 | 남성 | 1,652 | 51.0 |
| | 여성 | 1,652 | 49.0 |
| 연령 | 13-18세 | 310 | 9.2 |
| | 19-24세 | 346 | 10.3 |
| | 25-29세 | 262 | 7.8 |
| | 30-34세 | 326 | 9.7 |
| | 35-39세 | 332 | 9.9 |
| | 40-44세 | 375 | 11.1 |
| | 45-49세 | 364 | 10.8 |
| | 50-54세 | 359 | 10.7 |
| | 55-59세 | 313 | 9.3 |
| | 60-69세 | 383 | 11.4 |
| 지역 | 서울 | 600 | 17.8 |
| | 부산 | 230 | 6.8 |
| | 대구 | 170 | 5.0 |
| | 인천 | 165 | 4.9 |
| | 광주 | 165 | 4.9 |
| | 대전 | 170 | 5.0 |
| | 울산 | 165 | 4.9 |
| | 경기 | 630 | 18.7 |
| | 강원 | 165 | 4.9 |
| | 충북 | 150 | 4.5 |
| | 충남 | 160 | 4.7 |
| | 전북 | 150 | 4.5 |
| | 전남 | 150 | 4.5 |
| | 경북 | 150 | 4.5 |
| | 경남 | 150 | 4.5 |

3차 연구는 2016년 전국 단위의 대면 면접 설문조사로 실시되었으며 3,500명의 응답 자료가 수집되었다. 표집 방법은 전국에서 성별, 연령별, 지역별(전국 16개 권역)로 인구비례 할당하여 추출하였다.

| | 구 분 | 빈도(명) | 비중(%) |
|---|---|---|---|
| 성별 | 남성 | 1,781 | 50.9 |
| | 여성 | 1,719 | 49.1 |
| 연령 | 13-18세 | 318 | 9.1 |
| | 19-24세 | 366 | 10.5 |
| | 25-29세 | 272 | 7.8 |
| | 30-34세 | 322 | 9.2 |
| | 35-39세 | 338 | 9.7 |
| | 40-44세 | 385 | 11.0 |
| | 45-49세 | 380 | 10.9 |
| | 50-54세 | 364 | 10.4 |
| | 55-59세 | 335 | 9.6 |
| | 60-69세 | 420 | 12.0 |
| 지역 | 서울 | 600 | 17.1 |
| | 부산 | 230 | 6.6 |
| | 대구 | 165 | 4.7 |
| | 인천 | 170 | 4.9 |
| | 광주 | 165 | 4.7 |
| | 대전 | 165 | 4.7 |
| | 울산 | 165 | 4.7 |
| | 경기 | 635 | 18.1 |
| | 강원 | 165 | 4.7 |
| | 충북 | 150 | 4.7 |
| | 충남 | 160 | 4.7 |
| | 전북 | 170 | 4.9 |
| | 전남 | 165 | 4.7 |
| | 경북 | 165 | 4.7 |
| | 경남 | 170 | 4.9 |
| | 제주 | 40 | 1.1 |

4차 연구는 2017년 전국 단위의 온라인 설문조사로 실시되었으며 총 5,000명의 응답 자료가 수집되었다. 설문의 표집 방법은 전국에서 지역, 성, 연령, 직업, 학력, 소득분포에서 통계적으로 대표할 수 있는 31만 명의 샘플 집단을 대상으로 하여 성별, 연령별, 지역별(전국 16개 권역)로 3,000명 기준으로 인구비례 할당하여 추출하였다. 구체적인 표집의 방법은 총 3,000명을 기준으로 비례 할당 후 광역단체별로 100명씩 할당하였으며 제주도는 50명으로 할당 표집으로 조사하였다. 최종 3,100명 할당 후 서울지역에 대한 자세한 조사를 위해 1,900명을 서울에 추가 할당하여 총 5,000명의 응답 자료를 수집하였다.

| | 구 분 | 빈도(명) | 비중(%) |
|---|---|---|---|
| 성별 | 남성 | 2513 | 50.3 |
| | 여성 | 2487 | 49.7 |
| 연령 | 10대 | 297 | 5.9 |
| | 20대 | 891 | 17.8 |
| | 30대 | 969 | 19.4 |
| | 40대 | 1085 | 21.7 |
| | 50대 | 1046 | 20.9 |
| | 60대 이상 | 712 | 14.2 |
| 지역 | 강원도 | 100 | 2.0 |
| | 경기도 | 755 | 15.1 |
| | 경상남도 | 190 | 3.8 |
| | 경상북도 | 150 | 3.0 |
| | 광주광역시 | 100 | 2.0 |
| | 대구광역시 | 150 | 3.0 |
| | 대전광역시 | 100 | 2.0 |
| | 부산광역시 | 210 | 4.2 |
| | 서울특별시 | 2500 | 50.0 |
| | 울산광역시 | 100 | 2.0 |
| | 인천광역시 | 175 | 3.5 |
| | 전라남도 | 100 | 2.0 |
| | 전라북도 | 100 | 2.0 |
| | 제주특별자치도 | 50 | 2.4 |
| | 충청남도 | 120 | 4.5 |
| | 충청북도 | 100 | 2.0 |